怪談狩り
黒いバス

中山市朗

角川ホラー文庫
22800

目次

横向き

Kさんというサラリーマンが、新人の頃、ワンルームマンションに独り住まいをしていた。その時の話だという。

夜遅く会社から帰って、玄関に入って電気を点ける。真っ暗だった部屋が、明るい部屋に変わる。

その、わずかな瞬間に、妙なものが見えるのだという。足を壁につけるようにして、横になった人がいる。だが、部屋が明るくなってしまうと、もう見えなくなる。

その間、一秒もない。

最初は、疲れているんだろうな、とか、何かの見間違いだ、と思っていた。だが、それが頻繁とまでは言わなくとも、たまに見える。

横になった人は、壁に足をつけて、天井に向かって、あるいは床に向かって、横向きになって歩いているようなのだ。

それは、若い女であったり、サラリーマン風の男だったり、職人風であったり、老人だったりする。また、一人の時もあれば、複数人いることもある。そして天井に向かって歩いていたり、床に向かって歩いていたりしている。

だが、一瞬で消える。

そんなことが積み重なると、なんだかこの部屋にいるのが怖くなった。

ある日、職場の同僚に、「俺の部屋、こんなものが見えるんだけど」と言うと、「見てみたい」と言って、同僚と一緒に家に帰ることになったのである。

「毎日ってわけじゃないから、今日見えるかどうか、わかんないよ」

そう言いながら同僚と、真っ暗な玄関に入って、電気を点けた。

瞬間、見えた。

「見た？」

「見た、ような気がする」

この話が職場で結構話題となった。

何人かが、Kさんの部屋に訪れて、「見た」と言う人もいれば「そんなもの、見えないじゃん」と言う人もいた。

ある日、喫煙室で煙草を吸っていると、別の部署の部長が入って来た。

「K君」

と、声をかけられた。

「なんでしょう?」

「君んち、ヘンなの出るんだって?」

しまった、と思った。

いい気になって、吹聴しすぎたかな。他の部署の人がもう知っている。すると案の定、こんなことを言われた。

「あんまり、騒ぎ立てるのはやめとけよ」

「はあ、気をつけます」

そう返答したものの、直属の上司に言われるならわかるが、他の部署の人に言われる筋合いはない。だが、この部長は続けてこんなことを言ったのだ。

「気づかれたら、ダメだからな」

うん？

「どういうことですか？」

「俺さ。実家が寺でさ。家を継いだわけじゃないけど、一応は僧侶(そうりょ)の資格を持ってて、修行もしてるんだ。だから、なんとなくわかるんだ。今のままだったらいいけど、気づかれたら、ちょっと厄介なことになりそうだから、まあ、やめとくんだな」

そう言って、部長は出て行った。

その話を聞いて、ゾッとした。

この時、婚約もしていて、新居を探していたこともあったので、次の週には引っ越したのである。

あれから十数年たち、結婚をして、子供もできた。長男は中学校に通っている。

ある時、長男が読んでいるコミックがテーブルに置かれていたので、手に取って何気なくページを開いた。ホラー・コミックだった。

あっ、と思った。

大勢の亡者たちが、壁を横になって歩いているシーンがあった。うろ覚えだが『幽霊が出る部屋』というようなタイトルだったという。

あの時見ていたのは、こういうことだったのかと、改めて理解したそうだ。

私の名前

「パパ、何で私の名前、ミキってつけたん？　作文にそのこと書かんとあかんねん」

そう長女に訊かれて、Dさんはこう答えた。

「なんでて、これ、ミキが自分で名のったんや」

長女がまだ妻のお腹にいる頃、お腹の出っ張りが大きいから「きっと男の子やわ」と周りから言われていた。

男の子か。

そう思って毎日のようにそのお腹に耳をくっつけて、「はよ、生まれて来いよ。生まれてきたら、野球やろうな」と話しかけていた。するとある日、突然、ポンと、頭に入って来たものがある。

（違う。私、女の子。ミキ）

えっ、今度生まれてくるのは女の子なのか？

そのことを妻に言うと、「じゃあもし、女の子が生まれたら、ミキって名前にしてあげよう」

生まれたのは女の子だった。

Dさんは、テレパシーってあるんだな、と思ったのだ。

笑い声

S子さんの次女、N子さんが中学三年だった夏の話である。

クラスのみんなで花火大会をやるからと、夜、次女が出かけて行ったが、二時間ほどしてクラスメートを十人ほど連れて帰って来た。

「ママ、この子たち、お祓いしてあげて」と言う。見ると、友達はいずれも真っ青な顔をして、突っ立っている。

「どうしたの。ママがお祓いなんかできるわけないじゃない」

何があったのかと聞いてみた。

みんなで花火をしていると、一人の男の子が「近くに、出る、と言われている神社があるらしいけど、行ってみないか」と言いだし、この十人でその神社に行ったのだという。

ネットで心霊スポットとして噂になっている、山間の古びた神社。

その真っ暗な石段の前で、みんなは恐々神社を見上げていた。

すると「私、行ってくる」とN子さんが言ったかと思うと、一人、懐中電灯を持ってさっさと石段を上って行ってしまった。

「あいつ、すごいな」

「勇気あるなあ」

みんなが固まって、それを見ていた。やがて暗闇の中にN子さんの姿が消えたかと思うと、

「わーはははは」

というN子さんの笑い声が聞こえて来た。

「あっ、あいつ、おかしくなった」

「どうする?」と、パニックになった。

「どうするって、誰か助けに行ってあげてよ。ほら、男子、なにしてんの!」

そう言われて、何人かの男子が石段を上って行った。

「N子ちゃん、おらへん」

そう言う声が聞こえてきて、みんなで神社に駆け上がって、境内をくまなく見てみたが、N子さんはどこにもいなかったのだ。

「どうする? 警察に言う? それともあの子の親に報告するべき?」

戸惑いながら花火をしていた場所に戻ると、そこにN子さんがいたのだ。

そもそもN子さんは、神社など行っていなかった。ずっとここで花火を楽しんでいて、証言してくれる友達もいる。

しかし一方で、神社に行った十人は、N子さんは付いて来ていたと断言した。石段を上るところを見て、笑い声も全員聞いていたのである。

おばあちゃん

Aさんというおばあさんがいた。

Uさんが通っていた小学校の用務員をしていて、みんなは「お小使いさん」と呼んでいた。昭和四十年代半ばのことだ。

Uさんのおばあさんがこのさんと知り合いで、一度、おばあさんに連れられて、Aさんの家に行ったことがあるという。

Uさんはその頃、三、四歳。まだ小学校へ行く前のことだったという。

Aさんの家は、小学校近くの畑の真ん中にポツンと立つ、一軒家だった。平屋建てで四棟がつながったような造りであったという。

おばあさんは、中に入ると玄関の引き戸を開けたまま、対応したAさんと上へは上がらず、三和土（たたき）のところに腰かけて話をしだした。

Uさんはこの時「ちょっとこのおばあちゃんと話があるから、上がって遊んどって」と言われ、中に入った。

三和土を上がると、襖（ふすま）があり、開けると畳の部屋があった。左側に障子がある。障子を開けるとまた畳の部屋があって、左側に障子がある。その障子を開けると小さな部屋があって、また左側に障子がある。

この障子を開けると、おばあさんとAさんが話し込んでいる玄関となる。玄関の引き戸は開いたまま。

また三和土を上がって、畳の部屋に入り、左側の障子を開ける……。

そうやってUさんは、柱を中心として、左側にくるくる回って遊んだのである。

そして玄関に来ると、Aさんが「バア」と言ってくれる。

それが楽しくなって、くるくる回った。その間、大人二人は話し込んでいる。

何回まわったのかわからない。

小さな部屋の襖を開けると、玄関に出る。だが、この時は、開けっ放しだったはずの玄関の引き戸が閉まっていたのだ。そして、おばあさんとAさんがいない。それになんだか薄暗い。

子供ながらに、あっ、間違って隣の家に来たのかな、と思った。

もう一度回った。すると引き戸が開いていて、話し込んでいる二人がいた。

あの時のことをUさんは鮮明に覚えているという。

閉まっていた引き戸のすりガラスからは陽が射していて、人の気配はまるでなく、無音の空間だったそうだ。

「あの時、間違った行動を取ったら戻って来られなかったかも、と思うと、ゾッとします」とUさんは言う。

壁

M子さんが五歳のころのこと。

お父さんの仕事の関係で、一年だけ横浜市に住んだという。

この時、家族である団地の内見に行った。

玄関を開けると、まず四畳半の和室があり、そのまままっすぐ進むと六畳間、その隣にキッチンがあった。ところが戻ろうとして、家族の全員が首をかしげたのだ。

四畳半から玄関に行けない。

そこに壁があったのだ。

結局そこに住まなかったが、家族の記憶にはまだ残っている。

三段壁の釣り場

釣り好きのYさんが学生の頃だというので、三十年ほど前のことになる。

親戚(しんせき)のおじさんが肺炎になって入院した。

このおじさんは、Yさんの釣りの師匠のような人で、いろいろと指南を受けていたという。

とにかくこのおじさんは、仕事が明けると、雨が降ろうが台風が来ようが、釣竿(つりざお)を担いで出かける人だったが、ある日、豪雨の中で釣りをしていたらしく、家に帰るなり倒れたのだという。

救急車で搬送され、入院となったのだが、そろそろ回復してきて、退院の話が出だした頃に、やっとYさんは学校帰りに手土産を持って、見舞いに行った。

「おお、よう来たな。こっちへ来い」

そう言って手招きしたおじさんは、ベッドの上にあぐらをかいている状態で、その顔は血色もよく、にこにこと笑みを浮かべている。

「おじさん、元気そうやん」

そうしておじさんと話し込んだ。

当然だが、釣りの話で盛り上がる。するとおじさんの顔が真顔になった。

「あのな。このことは誰にも話してないんやけど。お前だけには聞いてほしいんや」

「なんや、聞いてもらいたいことって」

「入院する前の日のことや」と、おじさんはこんな話をしだしたのだ。


ちょっと懐に余裕ができたので、遠出をしたという。

愛用のスクーターに乗って、和歌山県の三段壁（さんだんへき）を目指した。このおじさんは、いつもスクーターに釣竿とクーラーを載せていて、あちこちの穴場を探し求めている。だが、おじさんの家からは、三段壁までは半日はかかる。

実は、以前より仲間内から、三段壁のあるスポットが穴場だと聞かされていて、一度行ってみたいなと思っていたという。だが、なかなか行く機会に恵まれなかったので、今回は夕方に出かけて、夜釣りとしゃれこむつもりだったらしい。

現地に到着したのは真夜中。当然、あたりに明かりはない。

真っ暗な駐車場にスクーターを置いて、ヘッドライトの付いたヘルメットを被（かぶ）り、釣り道具一式を持つと、崖（がけ）を下りて行った。

三段壁とは、和歌山県の白浜にある断崖絶壁の名所で、長さはおよそ二キロ。高さは五、六十メートルはある。そのある場所に、洞窟へ降りることができる道がある。その先に、誰も知らない絶好の釣り場があるというのだ。

足元に気を付けながら降りていくと、やがて海面が入り込む洞窟へと入って行けた。

よし、このへんで、と釣り道具を降ろして準備にかかろうとしたとき、先着の釣り人がいることに気がついた。

ここから二十メートルほど先の岩場に、フィッシング・ジャケットに帽子を被った男が、釣竿をのばしている姿があったのだ。その足元の海の中に、魚を集めるための電球器があって、明かりが、その男をぼおっと照らしているのだ。

いや……なんかおかしいぞ。

よく見ると、その男は岩場ではなく、海の上に立っているようにも見える。

なんかあいつ、ヘンや。

そう思って、下に置いていた釣り道具を見て、また前を見ると、さっきの男がもう、五、六メートル先の所にいる。瞬時に移動した、としか思えないし、あそこは確実に岩場はない。

と、「釣れますか」と声をかけられた。

反射的に「いや、まだ来たところですわ」と言いながら、全身に鳥肌が立った。

声は、真横からしたのだ。

もちろん、近くに人はいない。いるのはフィッシング・ジャケット姿のあの男だけ。

しかし男は、もう二、三メートルの目の前にいる。

はっきりと見えた。足首から下は海。男は海の上に立っているのだ。

まずい！

そう思ったのと同時に、あまりの恐怖に体が固まってしまった。すると、

「こっちで一緒に釣りませんか」と言う声が、また真横から聞こえた。

その時気づいた。

今まで男の足元に電球器が沈めてあると思っていたが、今はその明かりがいくつもの塊となって、男の周りを飛んでいるのだ。

「ひ、人魂（ひとだま）⁉」

それが今、海の上を何十と飛び交っていて、男の周りに集まっている。

「ひゃあぁ」

おじさんは悲鳴をあげると、釣り道具も何もかも投げ出すと、脱兎（だっと）のごとく駆け出して、ようようのこと、駐車場へと戻り、スクーターに乗ると明かりを探して走ったのだ。

明かりがあったのが、最寄りの無人駅。

駅の待合室に入ると、おじさんは独り、ぶるぶると震えていたのだ。

始発電車が駅に着いたころには、空も白々と明けてきた。陽が昇ると、置いてきた釣り道具一式が惜しくなって、現場に戻ることにした。

おそるおそる洞窟に入ったが、男はいなかった。そして陽の下で見ると、やはりあの男がいた場所に岩場はなかった。再び震えがきた。

そのままスクーターに乗り、まっすぐ帰るつもりが、途中でまた穴場を見つけた。そこで釣りに没頭しているうちに豪雨が来て、帰るなり発熱して、病院へ担ぎ込まれたのだという。

「これ、わしの嫁には絶対に言うなよ。言うたらわし、釣りに行かせてもらえんようになるからな。けどな、お前も釣りを続けるんやったら、あそこには絶対に行くな。なんと言うても自殺の名所やからな。あんなところで釣りなど、絶対にしたらあかん」

そんな話を聞かされた。

おじさんはその数日後、容態が急変して、帰らぬ人となったという。

真夜中の電話

Eさんという医療関係の営業をしている人がいる。

この人の趣味は釣りである。

ある夜、地元の仲間内では、よく釣れると噂される場所へと赴いた。

ただこの場所、断崖絶壁を下りて行かなければならない。しかも相当に危険なのだ。

断崖にはロープがぶら下っていて、そのロープを伝って下りるのだ。

帰りはこのロープにしがみついて上る。実際に何人かの釣り人が、ここから転落死しているとも聞く。それでもここを訪れる釣り人がいるのだから、釣りをするには魅力的な場所なのである。

Eさんは、なんとか無事に下りることができた。

準備も整って、磯釣りをはじめた。

しばらくすると、携帯電話が鳴った。

Eさんは、携帯電話を二つ所持している。

一つは営業用。もう一つは個人用のもの。着信音からすると、営業用の電話が鳴っているようだ。それ自体は珍しいことではない。

医療関係の取引先からは、真夜中でも平気でかかってくる。

こんな時間に、めんどくせえな。

そう思いながら、営業用の携帯電話の表示を見た。

は？

そこに表示されていたのは、Eさんの個人用の電話番号だったのだ。

あれ、おかしいな。ポケットの中で誤作動でもしたかな？

そう思って、個人用の iPhone を取り出してみたが、発信記録はない。

すると、営業用の携帯電話のコールも消えた。

妙だな、とは思ったがそのまま釣りを続ける。

今度は iPhone が作動しだした。Siri アプリが勝手に起動し、何かをしゃべっている。

どうやら、自殺に関することに答えているようだ。

そういやここ、自殺者も多いらしいしな……。

そう思うと、ここにいるのが怖くなった。それで早々と引き上げたのである。

翌日、職場に行くと、同僚から声をかけられた。

「お前さ、昨夜の電話なんやねん。何度も何度も寝られへんやないか」

「えっ、俺？　かけてないけど」

「嘘言え。お前からやったわ。出てもすぐ切れるし。ほら」

と、携帯電話を見せられた。確かにEさんからの着信記録が、何度も残っていた。

しかし、自分の iPhone を見ると発信記録はないのだ。

この日、職場では何人もの人から苦情と共に、携帯電話の着信記録を見せられたのである。

家族写真

香川県にS先生という中学校の教師がいる。

彼は美術を教えていたが、昔は岡山県に住んでいたことがあり、その時、県内のある町にアトリエを作ったのである。

数年前のこと。中国地方が大水害に見舞われたことがあった。

岡山県に大雨注意報が出たことを知った。アトリエは大きな川沿いにある。堤が切れたら大変なことになる。そう思うと心配になってアトリエの様子を見に行った。

現場に到着したころには、堤はもう破れていて、濁流が流れ込み、水害が発生していた。

「あ〜、沈んでるわ」と土手から見下ろして、落胆した。

S先生のアトリエは平屋建て。屋根の先に風見鶏を取り付けていたが、その風見鶏だけが、川のように流れる水面から顔を出していた。S先生自作の風見鶏……。

(うん?)と妙なことに気がついた。

風見鶏に何かが引っかかっている。

「なんでしょうね。何か引っかかってません?」

近くにいる人に声をかけた。

「えっ、あ、ほんとだ。あれ、人じゃないか!」

よく見ると、男性らしき人が引っかかって浮いている。

「大変だ」と、通報した。

しばらくして、救出用のボートが来て、男性を回収したが、もう亡くなっていたという。

S先生たちがこの男性を発見したのは昼過ぎごろ。しかし、警察によるとこの男性は、早朝からずっと引っかかっていて、その頃にはもう亡くなっていたという。

変わり果てた遺体からは運転免許証が出てきて、身元はKさんという男性であったと、警察が、S先生たちがいる避難所に報告をしに来てくれた。

「ああ、Kさんか、気の毒なこっちゃ」

誰かがそう言った。

「ええっ、Kさん!?」

その名前を聞いて、S先生も思わず声を出した。

Kさんなら知っている。アトリエの裏にあった二階建ての一軒家に住んでいた人だ。

それを聞いた避難所の人も騒ぎだした。

「Kさんには、家族がおったやろ。どこにおるんや」

「奥さんと、男の子が一人おったはずや。この避難所にはおらんようやけど」

さっそく、Kさんの奥さんと子どもがどこにいるかの確認を急いだが、どこの避難所にもいないようだという。

「ひょっとしたら、家に取り残されてるのと違うのか」

もう日も暮れかかっていたが、また消防団の人たちがボートで救出に向かった。

夜になって、消防団の人たちとともに、幼い男の子が避難所に入って来た。男の子だけ、家の中に取り残されていたという。

二階部分だけ水面の上にあり、窓から入ってみると、部屋の片隅に膝を抱えて座っている男の子がいたのだという。発見されたのは夜の七時のことだった。

男の子はそのままこの避難所に預けられたが、この子のお母さんの行方がまだわからない。また、近くには親類縁者の人もいないようだ。

「その子の面倒を見ます。私、学校の先生やってますから」と、S先生がこの男の子を預かった。

男の子は四歳で、Nちゃんという。

S先生はいろいろと話しかけて、状況を把握しようとした。

「Nちゃんか。お前、ずっと部屋の中に独りでおったんか？」

男の子はだまって、こっくりと頷いた。

「お母ちゃんは？」

「お母ちゃんな、台所へ行って食べ物取ってくる言うて、下りて行ったまま、戻ってこん」

「そんで、独りでずっとおったんか」

「うん」

「けど、独りになって、お母ちゃん戻ってこんとなるとや。お母ちゃんのこと心配になって、様子を見に行こうとか、そんなことは思わんかったんか？」

「思った。けど、お父ちゃんが、あかん、行くなって止めたんや」

「お父ちゃん？　お父ちゃんがなにって？」

「僕な、お母ちゃんのこと心配になってな、下へ降りようとしたんや。そしたらお父ちゃんに呼び止められたんや」

「呼び止められた？　どこから？」

「外から声が聞こえてな。あっ、お父ちゃんの声や、そう思って外見たら、川みたいになってて、そこにお父ちゃんが水の上に立ってたんや」

「水の上に、立ってた？」

「うん、それでな。お前、そこにおれよ。絶対に下に降りたらあかんぞ。絶対にその部屋におれよ。動くなよ。そしたら絶対に助けてやるから、じっとしとれよって」

それで部屋の隅で、膝を抱えて何時間も動かないでいたというのだ。

お母さんは、それから二週間後に遺体となって見つかった。

男の子は、独りっきりになってしまったのだ。


しばらくNちゃんはS先生の香川県の家で預かっていたが、この子の父親の弟が見つかって、養子として一緒に暮らすことになったのである。

この弟さんとは、これを機会に連絡を取り合うようになった。

短期間とはいえ、Nちゃんの面倒を見ていて情も湧いたし、弟さんもこのことに感謝してくれて、Nちゃんの成長ぶりを報告してくれるのだ。

一昨年(おととし)のクリスマスが明けた頃のこと。

弟さんと電話で近況を話していると「Nはねえ、私が新しいお父ちゃんだよ、お父ちゃんと呼びな、というんですが、おっちゃんおっちゃんて、今も言われています」と笑っていたが「ところでちょっと不思議なことがあったんです」と口調が変わったのだ。

「不思議なことって？」

「昨日の朝のことですけどね。

私が顔を洗っていると、あの子がやってきて『おっちゃん、これ』って何かを手渡されたんです。見ると、一枚の写真でしてね。それが水にぬれてぐちゃぐちゃになったものなんですが、よく見るとそれ、Nちゃんとその両親の三人が、満面の笑みで写っている写真でしてね。それ、見覚えがある。僕が撮った写真なんです。あの家が完成した時に撮ったもので、兄さんはこの写真、ええやろ、ええ笑顔やろって、自慢して大切にしていた写真でしてね……。

実は、私もこの写真、探していたんです。というのも、あの水害の後、後片付けのためにあの家に入って、遺品整理とかしていたんです。ほとんどのものは、水に浸かるか、流されてしまっていましたが、水浸しのアルバムが何冊か出てきましてね。それで、無事な写真はないかと見てみたんですが、ダメでした。一枚として思い出となる写真がない。

で、確かこのアルバムの最初のページにあったよな、と探したのがこの写真だったんですよ。そのこともはっきり覚えていたんです。でも、写真は剝がれてしまったのか、なかったんです。

残念だなあって思って。少々状態が悪くても今ならデジタル修正もできると、期待したんですけど。

ところがその探していた写真を、あの子が持っていて、私に手渡したんです。なんでお前、こんなもの持ってるんだって聞いたんです。するとね。こんなことを言うんです。

昨夜のことや、と言います。

寝ていると、頭を撫でてくれる人がいると。その人はびしょびしょに濡れていたけれど、すぐにお父ちゃんだとわかったと言うんです。あの子は父親の死をちゃんと知っていて、自覚はしているはずですが、そこにはお父ちゃんがいた、と。

『あっ、お父ちゃん、来てくれたんや』

そう思っていると、お父ちゃんは自分の胸ポケットのあたりを、ポンポンと軽く叩いて、今度はこの子の胸ポケットをぽんぽんと軽く叩いたらしい。そしてまた頭を撫でると、そのまま闇に消えていったと言うんです。

朝起きて、そのことを思い出して、パジャマの胸ポケットのあたりを触ると、何かが入っていた。取り出すと、あの写真だったと言うんです。『それでこれ、おっちゃんに渡せとお父ちゃんに言われたような気がして』とあの子が……。

不思議な話ですが、写真は現にここにあるのですから。なんとかこの写真をデジタル修正して、兄一家を偲びたいと思います」

今、デジタル修正されたその一枚の写真のみが、Nちゃんの両親の面影を伝えているのである。

黒姫

九州のある旧家の家長に当たる方から聞いた話である。

この家の当主が代わる時、代々その当主の夢の中にあるものが出るのだという。

それは、綺麗な金襴緞子姿のお姫様である。そして、「お前は、○月○日に死ぬことになるから」という予言めいたことを言う。続いて「ご先祖様の墓を掃除しておけ」とか「葬儀にはこういうものを用意しておけ」とか、細々とした指示をする。

翌朝、目が覚めた当主は「わしは昨夜、黒姫様からのお告げを聞いた。○月○日に、わしは死ぬから、今から言うことを準備しておいてくれ」と家族、縁者に言い渡す。

すると本当に、告げられた日に、当主は亡くなるのだそうだ。

「それは代々、昔からそうなんですか」と聞いてみた。

「そうなんです。ところがね、面白いと言ってはなんですが、その黒姫様の姿がだんだん薄れてきているようなんです。私の父が亡くなる前にもその黒姫様は夢に出て来たんですが、着物の柄がよくわからなくって、顔もぼうっとしていたと言うんです。でも、言い伝えによると、その柄は金色の鶴と綺麗な牡丹があって、その詳しい色や意匠、それに顔の表情などもはっきりと伝わっているんです。それがなんだか、だんだん曖昧というか、はっきりしないようになっているみたいでして。どうもね、代を重ねるごとに黒姫様の姿は、消えかかっているんじゃないかと思います。ですから私の代で、こんなことは終わるのかもしれません」と言う。

「その黒姫様って、どういう人なのですか」

「それがねえ、よくわからないんです。もともとうちは、地元を流れる大きな河の治水工事をまかされた一族でしてね。それで名を挙げて、財を成して、いつしか領主となったというわけです。で、どうも昔は、難工事や自然災害などで工事がはかどらなくなると、人柱を使ったようなんです。その人柱となった若い娘のひとりが、黒姫様じゃないのかって、うちでは伝わっているんですけど……。まあ、昔のことですから、ほんとかどうかわかりませんけれども」

ちなみに、黒姫様の予言は必ず当たる。外れたことは一度もないという。

洞窟（どうくつ）のお堂

E子さんが勤める会社の接待で、よく利用している料亭がある。この料亭は、北九州のあちこちに店を構えているが、いずれも一流の料亭として重宝がられているという。

宴会や接待についての交渉や注文を料亭としているうち、E子さんは、料亭を束ねるHさんという中年男性と話をするようになった。

従業員からは「社長」と呼ばれている。

あるときE子さんは「こんな立派な料亭を、あちこち展開されていますけど、これは代々やって来られたんですか？」と聞いてみた。

するとHさんは「いやいや、うちはあれよ。川筋もんよ」と言って笑った。

川筋とは、このあたりでは、福岡県の中部から北部にかけての遠賀川流域（おんががわりゅういき）、筑豊（ちくほう）炭田一帯のことを指すという。

「だから、ひい祖父（じい）さんの頃は、炭鉱を持ってたんよ」

「そうなんですか。でも、それがどうしてこんなご商売をされることになったのですか？　しかもこんなに成功されて。何か秘訣でもあるんですか？」

そう聞くと、Hさんは「う〜ん」と頭を掻いた。そして言った。

「実はねえ、これには不思議な話があってねえ」

ひいお祖父さんの頃までは、H家は地元では名士であったらしい。

炭鉱の事業も順調だったという。

H家による経営方針は、何よりも炭鉱夫の安全第一であったのだ。

当時は、炭鉱での事故が大変多く、その度に炭鉱夫たちが犠牲になっていた。そんなことは言わば、当たり前だった時代に、犠牲者をなるべく減らすための安全対策を実施していて、炭鉱夫からの評判も大変良かったという。

そんなある日のこと。

炭鉱夫の管理をしている炭鉱夫長が、事務所に駆け込んできて「すみませーん、すみませーん」と大声で叫びだした。

「どうしたんや」と、ひいお祖父さんが対応した。

「今、山の中からお堂が出て来たんですよ」

炭鉱夫長は息を切らせながら、そんなことを言った。

「お堂？　お堂て、なんや」

いつものように、坑内を掘り進んでいたという。すると、いきなり岩盤にボコッと穴があいた。

「なんや、これ？」

ちょうど、人が入れるくらいの穴だ。もちろんその奥は真っ暗。

灯(あかり)を持って中へ入ってみると、そこは大きな空洞になっていて、その中にぽつりと一軒のお堂があったという。

「はあ？　こんなとこに……お堂？」

「はて？　誰が、どうやって？」

あまりにそれは、奇妙なものだった。

ここは、鉱山。岩盤は極めて硬い。そして、他に抜け穴があるでもない。

何人かがその空洞に入ってみたが、どう見ても、どう考えても、一体いつ、だれが、どのようにしてここに入って、どうやってこんなものを造ったのか、さっぱりわからない。

「おい、この中、なにがあるんやろ」

一人がそう言って、恐る恐るお堂の扉を開けてみた。

「わあ!!」

悲鳴が上がった。

中には立派な袈裟を着た、即身仏が一体、座っていたのである。

それで慌てて扉を閉め、走ってここに来た。そして今、報告しているのだと言う。

するとそれを聞いていたひい祖父さんは、

「おい、炭鉱夫たちはまだ、中におるのか!! おる!? なにしとる。みんな外に出せ! 早うみなに言え! すぐに坑内から出るんや!!」と怒鳴った。

炭鉱夫長は、なにがなんだかわからない。

そのまま走って現場に戻ると、退避命令を発動させた。

サイレンがけたたましく鳴りはじめる。

そして、最後の一人が坑内から出た途端、大きな地響きがしたかと思うと、山全体が崩れ落ちて、坑内に通じるトンネルは跡形もなく消えてしまったのだ。

この後、ひいお祖父さんが何をしたのかと言うと、すぐに電話をして、持っていた炭鉱の株券を全部売って現金化した。炭鉱夫たちに退職金を払って、別の山へ行けるように手配をした。そして余ったお金で、料亭の権利などを買って、即座に商売替えをしたのだという。

「でも、どうしてひいお祖父様は、山が崩れることをご存じだったのでしょうか？」

そうE子さんが尋ねると、Hさんは、

「それがH家の最大の謎なんです」と言った。

そのことについては、ひいお祖父さんは一言も言わなかったそうである。

ただ、亡くなる直前に、

「山にはいろんなことがある。それは何かのメッセージなのだから、そういうものを受け取った時には、手を引かなきゃならんのだ。常々わしは、そう思っとった」

そう言い残したのだという。

「だから、うちがこうやって繁盛しているのは、すべて、ひい祖父さんのおかげなんですわ」とHさんは言った。

ハトが出る

九州の筑豊出身の女性から聞いた話である。

彼女の父は、筑豊炭田で働いていたため、子どもの頃は、炭田近くのアパートに住んでいたという。

その頃の炭田の街は、歓楽街もあり、映画館や大衆演劇用の劇場もあったのだ。

この街の広場に、よく手品をするおじさんが来ていたという。

カラン、カランと鐘を鳴らして広場に子どもたちを集め、手品を見せてお菓子を売る。

おじさんの十八番は、ハトを出す手品。

ある日曜日の午後にも鐘が鳴った。子どもたちはそれを聞いて「ハトのおじさんが来た！」と言って、広場へ走っていく。

やがて子どもが十人ほど集まると、おじさんはお菓子を売りながら、手品を始めた。

最初は、ハンカチから花を出したり、ハンカチを一瞬で結んだり外したりという手

品を見せていく。だが、子どもたちは、

「次はハトばい。次はハトばい」

そう言って、待っている。

いよいよ、ハトの出番だ。

おじさんが声を張り上げる。

「さあさあ、今度はお待ちかね。ハトの出るマジックばい」

子どもたちは「わぁー!!」と歓声をあげる。

ここまでは、いつもの風景だった。

おじさんは、持っていたステッキで、ポン、ポン、ポン、と三度、自分の腕を叩く

と、パッと手を広げた。

すると、子どもたちは悲鳴を上げながら、一斉に逃げ出したのだ。

広場が大騒ぎになって、大人たちも駆けつけて来た。

「あれはなんね、あれはなんね?」

この話を聞かせてくれた女性も、それをはっきり見たという。

いちばん驚いていたのは、手品のおじさんだった。

手を前に出したまま、ぶるぶる震えている。

手を広げて、ハトが出るはずだったのが、手に載っていたのはヘルメットを被った男の生首だったのだ。そして、みんなが見ている前で、ふっと消えた。

「あれは炭鉱で働いている男の人の生首に間違いありませんでした」と彼女は言う。

そんなことがあったのも、その時一回だけで、その後も手品のおじさんはたまにこの広場にやってきては、ハトを出しつづけていたという。

呟き

S子さんは、福岡(ふくおか)市の商社に勤めるOLである。

一昔前のことであるが、当時の彼女はまだ若く、遊びも豪快で、ホストクラブの女王と呼ばれていたことがあったという。

S子さんは、サバサバとした性格で、一人のホストに入れ込むということはなかったそうだが、ちょうど、同棲(どうせい)していた相手と別れたタイミングで、A君というホストと知り合った。

A君はたちまち、S子さんのお気に入りとなったが、S子さんからすると、話しているとノリのいい男で、楽しい。ただ、それだけのことだった。

しかし、A君の方から「アフターに付き合ってくれ」とか「同伴を頼むよ」と頼まれることも多くなり、それに応じているうちに、ある相談を受けるようになった。

A君には彼女がいるらしい。

その彼女の様子が最近おかしいというのだ。

精神的に不安定であるらしく、おかしな発言や奇行も目立って、ほとほと困っているという。

「その責任は、あんたにあるんじゃない？」

聞くと、相当貢がせているようだ。

その彼女を、風俗で稼がせて、そのお金を全部取り上げて使っているという。

「そりゃ、あんたが悪い。女を泣かせるような男は、ロクなもんにならんとよ。もっと彼女を大切にせんと、いかんとね」

そう言って説教をした。

ある夜のこと。

仕事の帰りが遅くなった。

一人住まいのマンションに帰宅したのが、深夜の一時過ぎ。

カギを開けて、中に入った途端、「あっ!!」と思った。

バスルームの電気が点いていたのだ。

消し忘れた、と一瞬思ったが、そんなはずはない。

S子さんは、病的なほどの綺麗好きで、几帳面な性格である。朝、出かける際に、電気を消し忘れた、などということは一度もない。また、朝使った後、ちゃんと消したという記憶もある。

（じゃ、泥棒か？）

玄関のカギは閉めずに、そっとバスルームに近づいた。そして、そのドアを開けた瞬間、S子さんは固まった。

（な、なんなの？）

そこには、白いシミーズを着た、生気のない若い女がうなだれるように座っていて、湯が張ってある浴槽に右手を浸している。その浴槽は、真っ赤に染まっている。

手首を切って、その手を浴槽に浸けているのだ、と理解はしたが、まったく見覚えのない女。だがその女は、立ち尽くしているS子さんに気づくと、ふっと顔をあげた。目が合った。

その目が、なんだか笑ったように見えた。

その瞬間、S子さんはブチ切れた。

「ちょっとあんた。人んちで、何しとっとね。勝手に入ってきて、どういうことね！しかも人んちのバスルーム、血で汚しやがって。さあ、説明してもらおうじゃないの！」

本来ならば、救急車でも呼ぶべきところ、S子さんは逆上して、大声を張り上げた。と、その時、頭を過ったものがある。そのことが口に出た。

「あんた、ホストのAのヤツの女でしょ」

血の気の無い顔をしたその女は、こっくりと頷いた。

「あのね、勘違いしてない？　言っておくけど、あいつと私は何の関係もないからね。ビジネス上のことだけで、私はあいつのこと、これっぽっちも思ってないから。信じない？　だったらこの際、白状するわ。私ね、女の子に興味があるの」

S子さんは、レズビアンだったのである。

以前に同棲していた相手も、女性だった。

すると、うなだれていた女は、S子さんの顔を見据えて、

「こんなはずじゃ、なかった……」

と、呟いた。そしてそのまま、すうっと、姿が消えたのである。

同時に、血だらけだった浴槽の湯もなくなり、いつもどおりのバスルームに戻っていた。


ピンと来た！


A君に電話をしてみた。が、なかなか繋がらない。

何度目かのコールで、やっとA君が出た。

「あんたとこの彼女、なんかあったでしょ？」

「そうなんだよ。あいつ、俺んちのバスルームで手首切りやがって。もう、大変なんだよ」

今、救急車を呼んで、待っているところだという。

彼女は搬送されたが、そのまま亡くなった。

あまりのA君のひどさに頭にきたS子さんは、一度だけ招かれたことのあるA君のマンションに行くと、「彼女を殺したのは、お前だからな。わかってんのか！」と言って、一発殴って帰った。

ホスト通いは、それから止めたという。

森田ミツ

Ｏさんというアート・ディレクターの体験談である。

今から三十年ほど前のこと。当時彼は、天ぷら学生だったという。

天ぷら学生。

今となっては死語であるが、大学に所属していないのに学生服を着て大学に入り込み、無断で講義を受ける若者のことを言ったのだそうだ。衣だけの学生、という意味である。

したがって、学友はいない。また人嫌いな性格も相まって、話す相手もいない。

ただ、一人で読書をすることが、楽しみだったのだ。

ある夕方近く、新宿は歌舞伎町のバー・カウンターに座って、お酒を飲みながら本を読んでいた時のことだという。

「あのう……」と突然、声をかけられた。

ふっと見ると、いつからそこにいたのか、隣の席に女性がいて、彼女が声をかけて来たのだ。その唐突感が奇妙に思えた。

ビールを飲んでいた、その女性の容姿はよく覚えているという。

小柄な女性。丸顔。髪はボブカット。鼻が丸く、目尻は下がり、お世辞にも美人とはいえない。服装は、小さな花柄がちりばめられた安っぽいワンピース。なんだか地味で、くたびれた印象だった。年齢は、当時のOさんよりやや年上、二十代後半から三十歳くらいか。

その女性が、こんなことを言いだした。

「それ、遠藤周作の本ですね」

確かに今読んでいる本は、遠藤周作の『わたしが・棄てた・女』という小説だ。

「はあ、そうですけど」と、Oさんはめんどくさそうに返答をした。

すると女性は、

「私、森田ミツです」

と言った。

「えっ!?」

Oさんが驚いたのは無理もない。森田ミツとは、今読んでいる小説の主人公なのだ。

女性は続いて「あのね、この本では私のことをこういう風に書いているでしょう。でもね、ほんとは違うのよ。たとえばね……」「ここはね、本当は私、逆のことを考えていたのよ。だってね……」「こういう場面があるでしょ。ほんとはそうじゃないの。ほんとうのことを言うとね……」

一方的に話してくる。

ははあ、とOさんは思った。

こういう人、いるよね。好きが高じて主人公と自分がオーバーラップして、我がことのように思いこむ人。わっ、めんどくさいのに捕まっちゃったなあ。

それでOさんは、女性の言うことに「はあ」「そうですか」「なるほど」などと、適当に相槌を打って聞いていた。ところが、話を聞いているうちに、待てよ、これは、もしかして、と思うようになったのだ。

彼女の言うことは、論旨が通っていて、説得力があるのだ。話のディテールも細かく、そうとうにこの本を読みこまないとこんな話はできないように思える。

そして、目の前にいるこの美人とは言えない地味な女性こそ、小説の主人公、森田ミツの容姿そのもののようにも思える。

そして、彼女が一方的に語る話も、リアルでますます真実味が出てきた。

改めて、彼女の話を聞き直す気になってきた。

「ちょっと失礼して、トイレに行ってきます」

仕切り直すつもりで、トイレに立った。

そして、席に戻るともう女性はいなかったのだ。

「あの、マスター、ここにいた女の人、帰ったの？」

するとマスターはきょとんとした表情になり、

「いや、お客さん、ずっとお一人でしたよ」

と言う。

「いや、いたよ……」

トイレに立つとき、女性の座っている椅子にレインコートが掛かっていた。そのコートに手が軽く触れた。

その感触も、未だにはっきりと覚えているという。

急ぎの客

Mさんが「この前、タクシーに乗った時、運転手さんからこんな話を聞かされました」と話してくれた。

二年ほど前のある夜のこと。

その運転手は、駅前のロータリーで客待ちをしていたという。

すると、自転車に乗った年配の女性が、すごい勢いでこっちへ向かってやって来た。

「運転手さん、運転手さん」

声をかけてくる。

サイドウィンドーを開けて「どうしました？」と返事をした。すると、

「ごめんなさい。急で悪いんだけど、すぐにうちに来てくれない？」と言う。

「どうしました？」

「さっき、病院から電話があってね、うちの人、死んだのよ。それで私はちょっと今、家を出られないんだけど、うちの者が今から病院へ行かなくちゃならなくなって。そ

れでね、来てもらいたいのよ。今から私、自転車でうちまで案内するから、あとから付いて来てくれない？」

そう言って、女性はまた自転車を漕ぎだした。

「ついて行けばいいんですね」

そう言って、必死になって自転車を漕いでいる女性の後をタクシーでついて行った。

しばらくして、ある一軒家の前に着いた。女性はそこで自転車を降りると、

「ごめんなさいね。ちょっとそこで待っててね」

と言って、家の中へ入って行った。

するとすぐに、玄関から三十代の男性と年配の男性が出てきて、タクシーに乗り込んできた。

「病院ですね。どちらの病院ですか」

すると若い方の男が、

「あ、悪いね。ちょっと遠いんだけど、N市の〇〇病院へ行ってもらいたいんだ」と言う。

N市は隣の県だ。確かに距離がある。

「わかりました。だったら、こういう道順で行きますよ」とルートを説明していると、年配の男性が「いいから、早く出せよ」と声を荒らげた。その言い方にちょっと腹が

立ったが、お客さんには違いない。気を取り直して「わかりました」と車を出した。

四、五十分で病院に到着した。

こういう場合は、病院の正面玄関には行かない。遺族や関係者、葬儀屋が出入りする入り口がある。その入り口の前に、タクシーを停車させた。

「運転手さん。そしたらこれ」と若い男性が運賃を手渡そうとした。

「ありがとうございました」と、それを受け取ろうと後部座席を見た。

「あれ？」

さっき、声をあげていた年配の男性がいない。

（おかしいな、まだドア、開けてないのにな。早く病院へ行きたくて、先に行ったのかなあ。だったら、ドアの開け閉めする音がするよな）

そんなことを考えながら、料金を受け取った。

そこで、今降りようとする男性に声をかけた。

「あの、隣に座っておられた年配の方ですが、先に降りられたのですか」

すると男性は「え？」という表情を見せた。

そして、「運転手さん、僕ずっと、一人だったんだけど」

そう言われて、意味がわからなかったが、すぐに気づいた。

「じゃ、あの年配の方は、仏さんだったのか……」

「その瞬間、ゾクッとしたものが背筋をはしりましてねえ。よっぽどこの仕事を辞めようかと思ったほどですよ」と、運転手が話し終えたところで、目的地へ着いたのだという。

バブル霊

Kさんという女性の知り合いに、水商売をやっているS子さんがいる。

もう長いことこの商売をやっていて、政治家から作家、芸能人などいろいろな人と繋(つな)がりがあり、また人生経験は豊富なのだが、このS子さん、どうも幽霊や怪談が大の苦手なのである。

自分の店で、お客さんが幽霊の話をしようものなら「うちでそんな話をするな！今度したら出禁にするからな!!」と烈火のごとく怒る。

そのKさんもS子さんも若い頃のことである。

S子さんが、ある古い雑居ビルの一角に、お店を持って間もないころのことである。

KさんがS子さんのお店で飲んでいた。

夜も遅くなったころ、若い二人組の男性が入ってきて、しばらく飲んでいたが、そのうちの一人が、

「知ってるか？　ここ、出るそうだよ」と言って、ニヤリと笑ったのだ。

言われた男も「知ってるよ、ここ、そういう土地だからな」と頷いた。そしてこのビルで過去にあった因縁話を始めたのだ。バブルが弾けてから、経営が行き詰まってこのビルで自殺をしたという水商売関係者の話である。

その話を聞いて、まだウブだったS子さんは、パニックになった。

「うそっ！　そんなの聞いていない。どうしよう。私、怖い」

と、泣きだした。

「ちょっとお客さん。なんて話をするのよ。この子怖がりなんだからそんな根も葉もない話、やめてよね」とKさんは二人の男に注意したが、同時に（この子、こういう商売やっていくの、こんなので大丈夫なんだろか）という不安も出て来た。

若い二人連れの男の客は、しばらくして出て行ったが、店はKさんとS子さん、二人きりになった。

「もう遅いし、怖いからお店、閉める。でも一人になるのは怖いから、帰るまでそこにいてて」と嘆願された。

「わかってる。あんたひとりにしておけないよ」

Kさんも後片付けを手伝って、一緒に帰ることにした。

ところが、二人で店を出た途端、一人の常連客と鉢合わせをした。

「えっ、なに？　せっかく飲みに来たのに、もう終わり？」

「ごめん。今日はもう終わったの」

「なんだあ。友達の誘いを断って、ママに会いたくてここに来たんだぜ。あ〜あ、がっかりだな」

あまりその人が残念がるので「じゃあ、三人で飲みに行こうよ」ということになった。

近くの雑居ビルにもバーがあって、そこでも知り合いの女性がママをやっている。

「そこなら俺も行ったことある」とお客さんも言うので、三人でその店に入った。

このお店の入っているビルも、バブルといわれていた頃は、バーやスナックがひしめきあって営業をしていたが、今はもう、数軒しか営業をしていない。その二階に、このバーがある。

ここのママさんは、ヨウコ・ママと呼ばれている。女優の山本陽子（やまもとようこ）に似ていると評判の、品のいい美女である。

細長いバー・カウンターの入り口に一番近い所にKさんが座り、その隣にS子さん、そしてお客さんと並んで飲んでいた。

飲んでいると背後のドアがガチャリと音を立てて開いた。

誰か来た？

そう思って振り向くが、誰もいないしドアも閉まっている。

しばらくして、同じことがもう一度あった。

やっぱり誰もいないし、ドアは閉まっている。

「ヨウコ・ママ。今このドア、開いたよね」

「ううん。開いてないよ」

「いや、開いたよ」

しばらくすると、またカチャリとドアノブが回る音がして、ドアが開く音がした。

はっ、と振り向く。

やはり、ドアは閉まっている。

隣のS子さんはと見ると、目を見開いて固まっているし、その隣のお客さんもドアの方を見て、(開いたよね)という表情を見せている。

「ドア、開いたよね」

Kさんはまたヨウコ・ママに尋ねてみた。彼女からは絶対にドアは見えているはずだ。

ヨウコ・ママは黙ってお酒の用意をしている。

すると、お客さんは「実はさっきから気になってんだけど。この奥って、他にお店やってる?」と、ヨウコ・ママに質問した。

「奥にはお店はありませんよ。うちだけ」

「じゃ、あの足音は、どこに行こうとしてるんだろ」とお客さんは言う。

そういえば、さっきからコツ、コツ、とピンヒールの音が廊下からしている。たまにそれが響いてくるのだ。

ふっと、時計を見るともう夜中の一時を過ぎている。

「そういえばここ、出るって噂、聞いてるけど」と、お客さんがヨウコ・ママに尋ねた。

「えっ!?」とS子さんの顔が曇った。

「う、うそでしょ」

するとヨウコ・ママは「確かにここ出るのよね。でも、全然怖くないから」

その言葉を聞いて、S子さんは両手で耳を塞いだ。

「だから大丈夫だって」と、ヨウコ・ママはS子さんを慰める。

「ただただ、ああやって廊下を歩いてるだけで何もしないわよ。まあ、たまにそのドアを開けて、覗いてくるけど。それだけ。怖くもなんともないわよ」

「ええっ、それって怖いじゃないの」

また、S子さんが半泣きとなった。

「じゃあ、あのピンヒールの音は、やっぱり幽霊なの？」とお客さんは興味津々でヨウコ・ママに尋ねる。

ヨウコ・ママは、何度もその女を見たという。

女はワンレンの長いストレート・ヘアに、ボディラインを強調するワンピース。つまり、バブル期に流行(はや)ったワンレン・ボディコン姿で現れるのだという。

「だからさあ、私、その幽霊に〝バブル〟ってあだ名付けたのよね」

「なんだ、そのネーミング。ヨウコ・ママも頭おかしいよね」Kさんは笑いをこらえながら、その話を聞いていた。

すると、何かを察したように、うろうろと廊下を彷徨(さまよ)っていたピンヒールの音がみるみるこちらへ近づいてくると、背後のドアがガチャガチャ、ガチャガチャと激しく音をたてた。

S子さんは悲鳴を上げると、椅子から落ちて、へなへなと床に腰を落としてしまった。

それを見たヨウコ・ママ、スッと表情を変えると「ちょっと待っててね」と言うや、カウンターから出てドアを開けると、人気のない廊下に向かって、

「うるせぇ、バブル‼」

と、ドスの利いた声で怒鳴ったのである。

すると、ピンヒールの音が急ぎ足で遠ざかり、やがて廊下は静まり返った。

しかし、「ひゃああ」とS子さんは叫び、Kさんもお客さんも、何かがそこにいた、という感覚にゾッと鳥肌が立った。

しかし、ぱっとこちらを振り返ったヨウコ・ママは、

「ねっ、怖くないでしょ？　さっ、飲み直しましょう」と、何事もなかったかのようにカウンターに戻って、また上品な笑顔を見せたのである。

S子さんはそれ以来、ますます幽霊を怖がるようになってしまった。

しかしKさんは、幽霊のことより、あの山本陽子に似た上品なママさんが、廊下に向かって怒鳴った時の顔を想像すると、いつも笑ってしまうのだという。

不思議な写真

大阪の落語家、Nさんが、七年前に和歌山県の勝浦(かつうら)に行ったときの話だという。

地元の人に連れられて、Y神社に参拝した時、宮司さんと話す機会があった。

その時、Nさんが徳島の出身であることを知った宮司さんが、

「師匠、だったら見ていただきたい写真があるんです。徳島県で撮られた写真で、なんだか不思議なものでしてねえ。ご覧になりますか」

そう言われて、興味がわかないわけがない。

「ぜひ、見たいです」と言うと、宮司さんは部屋を出ていき、しばらくして戻って来た。

プリントアウトされた一枚のB5サイズの写真を見せられた。

見たところ、海岸で撮られた普通のスナップ写真のように思える。

しかし、宮司さんは、「この写真、実に不思議な写真でしてねえ。師匠、わかります?」

不思議な写真と言うから、海からわらわらと手が出ているとか、背後に奇妙な顔があるとか、そういうものを期待したが、どこにもそんなものは写っていない。

場所は、砂浜のある海。

その手前に、タンクトップを着た、二十五、六歳くらいの女性が二人、笑みを浮かべて寄り添って立っている。

仲のいい女性が二人、海に遊びに来ました、という写真にしか思えない。

「どう見ても、普通のスナップ写真ですよね、これ」

すると宮司さんは、「あっ、師匠もわかりませんか。実はねえ、説明しても誰も信じてくれないんですよ」と言う。

「なにをですか？」

「これはね、さっき言いましたように、徳島県の海岸で撮られたものなんです。撮ったのは和歌山県の方で、奇妙な写真なのでと言って、うちに持ってこられたんですよ。その方によりますとね、これ、元旦の初日の出を撮ったものだというんです」

見ると、確かに二人の女性の背後に、昇る太陽がある。

「これ、見たらわかるでしょうが、堤防の上に三脚を立てて撮っています。堤防は三メートル。三脚の高さがそれにプラスされます。すると、砂浜からカメラまでの高さは、四メートル近くになります。その二、三メートル先に、二人の女性が立っているわけですが、そんなところに、人が立てます？」

そう言われると、女性たちと、その向こうに写っている砂浜の距離感に違和感がある。

「そしてよく見てください。この写真は朝日を撮ってるわけです。この二人の後ろに、太陽がまともに写ってますね。写真の常識でいえば、これは逆光になるはずです。でも、この二人の女性は、鮮明に写っていますよね。

この写真を撮られた方は、一眼レフのデジタルカメラで何十枚と撮られたそうなんですが、この一枚だけ残して、データは全部消えてしまったと言うんです。それでたった一枚残ったデータをプリントアウトしてみたら、この写真だったというわけです。不思議な写真でしょ？

これね、誰に見せて説明しても、そんなアホなあ、そんなんあるわけないやん、で終わってしまうんです。でもね、もっと不思議なことがあって、女の人が二人、写っているでしょ？

これを撮った時、浜辺には誰もいなかったそうなんです。だから、いなかった人が写っているということです。しかもこれが撮られたのは、元旦ですよ。真冬に撮った写真に、タンクトップ姿ってありえないでしょう。これだけ不思議な写真なんですけどね。誰も信じてくれない」
それを聞いて、写真を持っている手から、ゾゾゾゾッとした悪寒が走ったのだという。

ため池のあるところ

K電鉄I駅。

ここから二十分ほど歩くと、Aニュータウンというマンション街がある。続いてBニュータウン、Cニュータウンと三つのニュータウンとなり、I駅から一本の道路でつながっている。定期バスが通っているので、地元の人たちはバス通りと呼んでいる。そのBニュータウンとCニュータウンの間に、バス通りに沿って大きなため池がある。

デザイナーのKさんの職場は、Cニュータウンのマンションにある。だから、I駅からバスに乗って、いつもそのため池の近くを通ることになる。

同じ職場にR子さんというデザイナーも通っている。彼女はBニュータウンに住んでいる。そのR子さんは、ことあるごとに「あのため池、なんだか雰囲気が悪いし、幽霊でもいるんじゃないかしら」と不安がるのだ。

飼っている犬を散歩させるために、早朝に池のほとりを歩くが、なんだか鳥肌が立つ感覚に襲われ、また犬が、ため池に向かって必ず吠える、というのだ。

実はKさんは怪談好きで、よくそんな話をしている。だから彼女がそんな質問をしてくるのだろう。

とはいえ、「幽霊でもいるのかしら？」と聞かれても、わかりようもない。だからそう聞かれると「まあ、犬ってそういうことがわかるっていうからね」「でも何を見たってわけでもないんだろ？　まあ、大丈夫だよ」と、適当な言葉でごまかしていた。

ある夜、仕事帰りに、I駅近くのバーで飲んだ。

すると、隣に座っていた男性から声をかけられた。Kさんと同じ、三十代半ばくらいの男。

知らない男だったが、彼はBニュータウンに住んでいるらしい。

話をしているうちに、例のため池の話になった。

「僕は通勤途中、あの池をバスの車窓からいつも見てますよ。そういえば、職場の仲間でね……」と、R子さんの話をした。すると男は、うん？　という表情を見せた。

そして、

「いや、俺ね、霊感があるわけでもないし、信じているわけでもないんだけどね……。いや、待てよ」と首をひねりはじめた。

「なにか、あったんですか？」

「……今から思うと、あれはそうだったのかな」

男はこんな話をしだしたのだ。

四、五年ほど前のことだという。

当時彼は、都内の会社に勤めていたが、正月休みに、Bニュータウンにある実家に帰ったのだ。とはいっても、十年ほど前に一家でここに引っ越してきて以来、ここが実家となったのだという。

家でごろ寝をしていると、母から、

「ちょっと。お父さんと妹は買い出しに出かけているし、私はご飯の用意をしているんだよ。犬の散歩くらいしてもバチは当たらないよ」

と言われて、仕方なく、犬を連れて散歩に出た。

そのままため池のほとりにやって来たが、急に犬が吠えだしたのだ。

見ると、ため池の中へは入れないように金網のフェンスが張り巡らせてあるが、その上に中学生くらいの男の子が腰かけていたのだ。犬は、その男の子に向かって、激しく吠えている。

男はその子に向かって「おいおい、そんなところに腰かけてたら危ないぞ。落ちた

らどうするんだ」と声をかけた。すると、

「うるさいんじゃ、だまっとけ、このボケ！」

と罵声を浴びせられた。

（うわっ、正月早々、なんであんなクソガキに、あんなこと言われにゃならんのだ）

そう思って再び金網を見ると、もういない。あれれ、と周囲を見回すが、気配もない。

（えっ、池に落ちた？）

いや、それなら音がするだろうし、池の水面を見ても水面が動いているわけでもない。

そして、犬も吠えるのを止めて、ただ池を見ているだけだ。

「まあ、気のせいだとか思って、あまり気にも留めてなかったんだけど、あれって、幽霊だったのかもしれないなあ」

Kさんもそれを聞いて「そうだったのかもしれませんねえ」と、話を合わせたのだそうだ。

しばらくして、残業をしたとき、J子さんという先輩と一緒になった。この女性も

Bニュータウンに住んでいる。

休憩時間に、Kさんは J子さんにこう質問した。

「このあたりで、近づきたくないっていう場所、ありますか？」

するとJ子さんは「バス通りあるでしょ。ため池があるの知ってるよね。私はあそこは絶対に無理。昼間だったらまだしも、夕方から朝早くには、近づきたくもないわ」

「どうしてですか？」

先輩の友人の息子さんが、あのため池で亡くなっているという。

中学二年生だったそうで、原因はシンナー遊びによる中毒死。フェンスをよじ登ってそのまま池に転落したらしく、遺体は池から上がったのだという。

二十数年前の話だそうだ。

千日前の一等地

漫才師のMさんが、よく飲みに行くスナックがあった。

大阪の千日前のある雑居ビルにある店で、マスターとママさん、二人だけでやっている。いつもお客さんが入っていて、雰囲気のいい店である。

ところが、トイレの横が気になるのだ。そこだけがなぜか、気味が悪いのだ。

「マスター、この店、すごく居心地ええんやけど、ちょっと気になるところが……」

とMさんが言いかけると「そこでしょ」とマスターは、トイレの横あたりを指さした。

「わかるん？」

「私もね、なんとなくそう思うし、他のお客さんも、なんかあそこだけ違和感あるとよく言われるのでね。なにが原因か知らないけど」

そう言われたのだ。

二カ月ほどして、久しぶりにそのスナックへ行った。

すると、お客は一人も入っていなかった。

「あれ、この前まではこの時間て、お客さん大勢おったのに、今日は誰もおらんやん」

すると、「最近、ずっとそうやねん」とマスターが返事をした。

そのマスターも、元気がなさそうだ。

「そう言えばマスター、顔色悪いな。なんかあったん？」

「別に……」

「あれ、ママは？」

「……」

「ママがおらんようやけど」

「入院しました」

「入院？」

そういえば、店の雰囲気が以前とはまったく違う。あのトイレの横にあった、なんとも言えない違和感が、店全体に広がっているのだ。

長居できずに、すぐに出た。

その一週間後のことだった。

マスターが、首を吊って死んだと聞いたのだ。吊ったのは、お店のトイレの中。

原因はわからないという。

お金に困っているわけでもない。借金を抱えているという話もない。家庭が不和、ということもない。入院していた奥さんも、間もなく退院するというときだった。

一年して、知り合いの女性がスナックをやるという。

「どこで？」

聞くと、千日前のある雑居ビルの三階の一番奥の店舗を借りたという。

あの、マスターが首を吊った場所だ。しかも居ぬきだという。

「お前、あの店、前に何があったか知ってる？」

すると「知ってるよ」という。

しかし、場所は千日前の一等地、なのに賃貸料がものすごく安いのだという。

「安いには安いだけのわけがあるんや」

と言っても、女性は「あの安さは、めっちゃ魅力やもん」と聞かない。もう手付は払っていて、数日後には始めるという。

その一ヵ月後、この女性も、お店で首を吊って死んだ。

出勤してきた女の子が、店の清掃をしようとしたら、トイレのドアが開かない。

無理やり開けると、ドアノブにロープを引っかけた女性の死体が、ずるずると出て来たという。

「あそこ、なんかあるんやろか」

Mさんは、そのことを気にして、開店すると飲みに行き、情報を集めるようにした。するとその後、五年間で五人、経営者が変わり、四人が店のトイレで首を吊ったことがわかった。後の一人は、女性の経営者が、トイレで手首を切った状態で、血まみれの死体として見つかったという。

大阪ミナミ繁華街、千日前の一等地。七から八坪の居ぬきの店舗で、家賃七千円。今はもう、それでも借り手はないのだという。

幽霊話ではない

ある主婦の方から「この前、私の友達と話していて、妙な話を聞いたんですけど」と話してくれた。

A子さんという友人が、ご主人と小学四年生になる息子と三人で、九州にドライブをしたときに体験した話だという。

数年前のこと。

福岡県のある山道を走っていた。

すると息子が「お腹が空いた」と、ぐずりだした。

時間をと見ると、確かに夕食時で、日も暮れかかっている。

「もうちょっと待ち。もうすぐ予約してるホテルのある街に着くから」

ご主人はそうは言ったが、まだそれには時間がかかりそうだ。またこんな山道のこと、コンビニやファミレスがあるとは思えない。

すると、行く先に、灯(あかり)がぽつんと見えて来た。

「ねえ、あれ何かしら」

A子さんがそう言うと、ご主人も「ほんとだ。なんか、ラーメン屋の提灯みたいだけど」

やはりラーメン屋だった。

「あそこに入ろうか」

車を停めて、三人でラーメン屋へと入った。

カウンターが一つあるだけの長細い店だった。

カウンターの奥に、労働者風の中年男が一人。ラーメンを食べるでもなく、ただ、うつむいて座っている。入って来たA子さん一家を見ることもない。ずっと、うつむいたまま。

厨房に男が一人。黙ったまま、突っ立っている。

「いらっしゃい」の言葉があるでもない。また店内にBGMが流れているでもない。

ただ、静寂があるだけだ。

三人でカウンター席に座ると、ご主人が「ラーメン、三つ」と、厨房の男に声をかけた。

男は返事もせず、ラーメンを作り始め、でき上がったラーメンを三つ、無言のままカウンターに置いた。

　一口食べた。

「まずっ！　なにこのラーメン⁉」

　とても食べられたものではなかった。なんというか、ドブ川の臭いと味がした。

　三人は顔を合わせて立ち上がった。そして、釣りはいらんからと、ご主人は五千円をカウンターに置き、そのまま店を出たのだ。

　車の中に乗り込むと、

「なんだ、あのラーメン」

「あんなの、ラーメンと言わないよ」

「でもさ、店の雰囲気も変だったし、奥にいた男も変だったじゃない。なんだったのかしらねえ」と、A子さんも素直な感想を言った。

　空はもう、真っ暗になっていた。

　もうそろそろ、街の明かりが見えてくるな、と思った時、車のヘッドライトが一台のパトカーを照らし出した。

「えっ、あんな暗闇の中にパトカーが停まってる」

無灯火のパトカー。その横に警官が一人立っていて、こっちを確認して、懐中電灯を点滅させた。

その点滅灯を振りながら、道端へと誘導する。

その指示に従って、車を停めた。

ご主人はサイドウィンドーを開けて、「検問ですか」と警官に尋ねた。

警官は何も言わずに、ただ、にこにこと笑っている。

「あのう」とご主人が警官に言った。

「このまま、この山道を抜けて○○市へ入る予定なんです。ホテルにも予約を入れていまして」

すると、ニコニコ笑っていた警官が忽然と消えたのだ。

「えっ!」

その瞬間、「ああっ」という息子の声がした。

見ると、助手席側のサイドウィンドーのところに、さっきの警官が立っていた。

息子は、警官が消えたかと思うと、瞬時に空間移動したかのように、車の反対側に現れたのだという。そして、相変わらず声も出さずに、ニコニコ笑っている。

A子さんは、思わず悲鳴をあげた。

同時にご主人は、そのままアクセルを踏み込んだ。

しばらくして、ようやく街の明かりが見えてきて、一同ホッとした、ということがあったのだという。

A子さんはこう言ったのだそうだ。

「それがね、ラーメン屋の亭主も客も、あの警官も、幽霊とかそんなんじゃないのよ。私にはわかるの。あれはね、人間よ。ちゃんといたもの。でもあの泥というか、ドブ川の臭いがしたラーメンは、なんだったんだろうね……」

はよ帰ったりや

ＯＬのＡ子さん。職場からの帰り道。

突然、知らないおばさんから「はよ、家、帰ったりや」と声をかけられた。そしておばさんは、スッとどこかへ行った。

「なに、今の……」

首をひねりながら歩く。するとまた、全然知らない人とすれ違いざま、

「はよ、家、帰ったりや」

と言われた。はっと振り返ると、その人は何もなかったように歩いていく。

信号待ちをしていると、また知らない人が近寄ってきて「はよ、家、帰ったりや」と言うと、どこかへ行ってしまう。

こんなことが何度も続く。

（なんか、今日は、変な日ねえ……）

家に着くと妹が出て来た。

「あっ、やっと帰って来た。おばあちゃん、さっき亡くなったよ」と言われた。

私が二人

Y子さんという看護師長を務める女性がいる。

ある日、Y子さんが勤める病院に、一人の女子高生が入院患者として入って来た。

ずっとふさぎ込んでいて、何を聞いても何も言わない。それで看護師仲間たちは、なにかと気遣い、ことあるごとに笑顔で話しかけた。しかし女の子は、やはり何も言わないし、心も固く閉ざしている。

やがて女の子は、一ヵ月ほどで退院していった。

ある日、Y子さんは外来で来ていたその女の子と、病院の廊下でばったりと出くわした。

「あら、N子ちゃんじゃないの。元気にしてた？」

そう声をかけると、N子さんはしばらく沈黙していたが、やがて意を決したように口を開いた。

「師長さん。実は、聞いていただきたい話があるんです」

とお話ししなかった

「私、師長さんとも、誰ともお話ししませんでしたよね。あの時は、お話ししなかったというより、できなかったんです。あの時は本当に悩んで悩んで、どうしようもなかったんです。あの時は誰に相談しても、信じてもらえないだろうって思っていて……。でも、今はそれを聞いていただきたいんです。一度ゆっくりお会いできませんか」

そう言われて、「じゃあ、今度の水曜日の午後、私時間を空けられるから、病院の前にある喫茶店で会わない？」と約束した。

この話は、その時N子さんから聞かされたというものである。

何年か前のことだという。

ある休日の日、風邪をひいて家で寝ていた。

すると、携帯電話の呼び出し音が鳴った。友達のTちゃんからだ。

電話に出た。すると〈あんた、どこに行っちゃったのよ〉といきなり怒鳴られた。

「えっ、なに？」

わけが分からない。

〈なに、じゃないよ！　ずっと私、待ってるんだけど。一体何してるのよ!!〉

相当に怒っているようだが、身に覚えがない。

「あの、なんのこと？」

〈ふざけてるんじゃないよ。そんなことして面白い？〉

「そんなことって。私、今日は風邪ひいてて、朝からずっと寝てるんだけど」

〈はあ？　やっぱふざけてんじゃん。今日、原宿に買い物行こうって誘ってきたの、N子じゃん。だから私、今日無理して時間作って、一緒に原宿来たんじゃない。そしたらあんた、トイレ行ってくるからって行ったまま、戻ってこないじゃん。私を馬鹿にしてるわけ？〉

「そんなんじゃないよ。本当に私、今日は風邪ひいてて……」

〈さっきまで一緒にいたのに、まだそんな白々しい嘘つくわけ？〉

「というか、そんな約束した覚えないんだけど？」

〈あー、もういい。あんたとはもうこれっきりだからね〉と、電話が切れた。

なにがなんだかわからない。

とにかく、Tちゃんがひどく怒っていたことだけは分かった。

風邪が治って学校へ行くと、真っ先にTちゃんに謝った。

しかしこの頃から、同じようなことが起こり始めた。

「あそこの路上を歩くN子ちゃん見たよ」とか「声かけたのに、無視したわよね」と頻繁に言われるようになったのだ。どちらにもまったく覚えがない。

「約束した場所で待ってたのに、なんですっぽかしたのよ」と言われたこともある。その約束をした場所というのが、知らない場所だった。そのことを言うと、この友人もひどく怒りだした。

ある時など「昨日の夕方、あんた、H君といちゃいちゃしてたよね。見たんだから。H君とは私の彼氏よ、何勝手なことしてんだよ」と、これも怒っている。しかし、H君とはクラスも違うし親しくした覚えもない。それにその日の夕方は、別の友達と別の場所で会っていた。

そう言っても信じてもらえない。仕方なく、会っていた友人に証言をしてもらったが、二人が口を合わせて嘘を言っているんだ、と余計に相手を怒らせてしまった。

彼女は言う。

「私、この目で見たんだから!」

こんな状態が続くと、なにかが起こっていると思わざるを得なくなった。

でも、なにが起こっているのか、まったくわからないし、そうなると防ぎようもない。そしてだんだんと悩むようになったのだ。

思い切って、両親に相談した。

「パパ、ママ。こんなことを言ったら、私、頭がおかしくなったって言われそうなんだけど。私の知らないうちに、もう一人の私がいて、誰かと約束したり、誰かと出かけたり、そんなことが頻繁に起こってるみたいなの。それで、いろんな人たちに迷惑かけてて、私もひどいこと言われて……。私、どうしたらいいのかわからないし、なんでこんなことが起こってるのかもわからない。正直、私、怖いの」

すると、両親は理解を示してくれて、父の知り合いで、高野山で特別修行したお坊さんがいるから、その方のお寺へ行って御祈禱をしてもらおう、ということになったのだ。

休みを取って、お寺に行った。

お坊さんは、N子さんを見るなり、

「ああ、あなた、あれだよね。もともと二人で生まれるはずだったんだよね」

と言った。

二人で生まれる?

「あのう、意味がわかりません。私は一人娘ですけど」

N子さんはそう言って、お母さんを見た。ところが、何か身に覚えがあるのか、お母さんは汗をかいて、ぶるぶる震えている。

「ママ、どうしたの？」

すると、「実はね」と、お母さんが、お坊さんに向かって、こんなことを言い始めたのだ。

「娘を身籠った時、双子だったんです」

ええっ、とN子さんはお父さんを見た。お父さんはじっと、その話を聞いていた。

双子だったが、もう一人の子がお腹の中で育たなくなったという。そして、N子さん一人だけが生まれたのだという。

もう一人は、結局死産とか流産ということになったわけだが、一人は生まれてきたのだから、それはしょうがないことだと心の整理はできていた、と。

「では、もう一人のその子が、成仏しないで、何かの形で出ているのかもしれませんな」

お坊さんはそういうと、N子さんを本堂の真ん中に座らせて、祈禱を始めた。

三時間以上もかかる祈禱だったが、その終わり際、N子さんの耳もとで、

「あなたが私だったらよかったのに」

そんな声が聞こえた。自分の声に似た声だと思った。

その途端、N子さんは、猛烈な腹痛に見舞われたのである。あまりの痛みに、N子さんは本堂の畳の上をのたうち回って苦しんだ。こんな痛みは、生まれて初めてのことだった。

あまりの苦しみに、両親は救急車を呼び、搬送されたのがY子さんが師長を務める病院だったのである。

調べてみて分かった。

寄生性双生児。

本来生まれてくるはずの、双子のかたわれが、もう一人の体の中に取り込まれてしまうというものだ。片方の骨とか髪の毛といったものが取り込まれて、生まれて来たもう一人の体の中に、残ることがあるのだ。

N子さんの場合は、体の中に大きな腫瘍（しゅよう）があり、レントゲンで見てみると、その中に姉か妹のどちらかになるはずの、頭蓋骨（ずがいこつ）が入っていたのだ。そしてそれを取り除く手術が行われていたのである。

ただ、命に関わるほどのことではなかったので、一カ月ほど様子を見るために入院してもらったということだったのである。

もちろん、その時点で医学的には問題は摘出されていたはずだった。

しかし、こんなことが起ころうとは。

「師長さん」と、N子さんは涙を浮かべながら言った。

「高野山で修行したというお坊さんは、『私が祈禱したのだから、もう一人の子は成仏されました。だからもう、心配しなくていい』とおっしゃいました。でも、本当に成仏したなら、『あなたが私だったらよかったのに』なんて言いませんよね。それに、もう一つ、とても怖いことがあるんです。それは、最近、時々記憶がなくなる気がするんです。あれからは、もう一人の私がいて、誰かと会っているとか、どこかで目撃されたという話は、確かに聞かなくなったのですが、その代わり、もう一人の私が、私の体を乗っ取って、もう一人の私になっているんじゃないかと思えてならないんです。それを考えると、私、とても怖くて、怖くて……」

そういうと、N子さんはしんみりと泣いた。

Y子さんも涙ぐんだ。そしてこう言ったそうである。

「確かに、あなたが私だったらよかったのに、というのは、もう一人の私は命がなかったわけだから、あなたが死ねばよかったのに、ということなのね。本当に成仏して、もうこの世に未練がないのなら、『私があなただったら、よかったのに』って、なるはずだものね」

それ以来、N子さんとは会っていないので、それ以降、N子さんがどうなったのかは、Y子さんは知らないのだそうだ。

交番のトイレ

Kさんという女性のご主人が亡くなった時の話である。

彼女は、当時三重県S市に住んでいた。

土曜日で、その日はKさんの出勤日だった。ご主人は不在だったので幼い子どもを二人連れて出かけた。途中、ハンバーガーショップに寄って遅い朝食をとった。

その時、携帯電話が鳴った。ご主人からだった。

〈あ、俺や。今、なにしとるん？〉

ご主人の声。

「今日、出勤やねん。子どもら、家に置いとくわけいかんやろ。だから連れて来た。今、マクドでモーニングしてる」と答えた。

〈そうか。帰り、遅なるの〉

「ちょっとわからへんわ。実はな、会社の人が車で迎えに来てくれててな。今、一緒やねん。そやから遅くなるようやったら電話するわ。そしたら車で迎えに来てくれる？」

「ああわかった。ほなな」

電話は切れた。

それから二時間ほどして、携帯電話が鳴った。出ると、ご主人の会社の上司だった。

〈奥さん。今日ご主人、出勤されましたか〉

と言う。

「ええ。朝早くに出たようですが？」

〈奥さん、申し訳ないですけれども、奥さんの携帯から、ご主人に電話していただけませんか？〉

「どうかしましたか？」

〈それがねえ。今日、会社にご主人、姿を見せていないんですよ。それでさっきから電話を何度もかけているんですけど、全然つながらなくって〉

「はあ。主人なら二時間ほど前、電話がありましたけど」

〈何かおっしゃってましたか？〉

「いえ、普通の会話をしただけですけど」

〈だったら、奥さんからも連絡取っていただきたいんです。奥さんならきっと出てくれると思いますので〉と、電話を切るとすぐ電話をした。

「わかりました」と、何度も掛けてみたが、どうやら着信拒否をされているようだ。

つながらない。ショートメールやメッセージを送っても同様である。

「どうしたんやろ」と、結局、その日はまったく連絡が取れず、翌朝、ご主人の上司の人と一緒に警察に行って、捜索願を出したのである。

Kさんはこの時、こんな依頼を警察にしたという。

「パチンコ屋さんとか、駅、公民館などにあるバリアフリーのトイレ。そういうところを探してください」

なぜそんなことを言ったのか、今となっては不思議だという。ただ、直感で〈あ、これはあかんわ〉と思ったというのだ。同時に何故か、バリアフリーのトイレが脳裏に浮かんだのだ。

早速、警察は動いてくれたが、この日は何の進展もなかった。

翌日、月曜日の朝八時。家にいると机の上に置いてあったKさんの携帯電話が鳴った。

見ると、ご主人からだった。

「もしもし」と出た。しかしもう電話は切れていた。折り返し電話を鳴らしてみたが、やっぱり着信拒否されている。だが、生きていた、ということがわかって、ホッとした。

しかし、午後になって郵便で封書が届いた。差出人は、ご主人だった。

その場で封を切って読んでみると、〈今までありがとう。こんなことになってすまん。でも最後に君の声が聞けて良かった。子どもたちのことは君がしっかり育ててくれ……〉とある。

これは遺書だ！

警察に連絡を入れ、朝八時に電話があったことと、遺書と思われる手紙が届いたことを報告した。

火曜日。何の進展もなかった。

水曜日。

警察から電話があった。ご主人が見つかったという。

「お気の毒ですが、亡くなられていました」との報告。しかし「実は署の方でちょっとした騒ぎになっていまして……」と、困惑した様子なのだ。

見つかったのは、同じ三重県のI市。駅前にロータリーがあって、その近くに交番がある。その交番のトイレの中で首を吊った状態で見つかったというのだ。交番のトイレでの首吊り。これは警察の大失態である。

この事件、最初は不審死として捜査された。新聞やニュースで取り上げられることはなかったが、ネットでは騒がれたという。

なぜ、交番のトイレなのか？　どうして署員は二、三日もの間、発見できなかったのか？

そして、カギは外側から掛けられていた。どうやってこの男性はトイレに入ったのだろう？　この事件そのものがフェイクじゃないかという意見もあった。

この事件はミステリーとして取り上げられたが、事実はこうであった。

この交番のトイレは、市民に自由に使ってもらおうということで、バリアフリートイレに改装されて、開放されていたのだ。しかし、それが仇となった。ホームレスが住みついたり、不良の溜り場になったり、泥酔した人たちによって汚されたりした。それで申請してくれれば、カギを渡します、という制度に変えた。すると途端にこのトイレを使う人はいなくなった。だから外カギが掛かったまま、誰も出入りしていない状態となってしまったのだ。ちなみに署員は署員用のトイレを使っていた。

カギは、交番が預かっていて誰にも貸し出しはしていなかった。おそらくご主人は、コインを差し込んで、ひねると開いたのでそのまま侵入。同じように内側からコインをひねったと思われる。内側からカギを掛けると、外カギが掛かる状態となるからだ。

しかし、Kさんにとっての最大のミステリーは解消されていない。

ご主人から、月曜日の朝八時に掛かってきた電話。しかし警察の検視結果によると、日曜日から月曜日にかけての深夜には、亡くなっていたというのである。

また、警察に捜索願を要請した時に思い浮かべた、バリアフリーのトイレのことも、Kさんにとっては不思議でならないことだというのだ。

預かりもの

S子さんが京都で一人暮らしをしていた頃のこと。

友人から、家具を一つ預かってくれと頼まれた。

引っ越しをしたが、部屋に入り切らないというのだ。

「落ち着いたらスペース作るから、ちょっとの間だけ」と言うので、仕方なく預かることにした。

運ばれてきたのは、古い大きな箪笥（たんす）。上は観音開きの扉、下は引き出しが何段かある。

「いいよ」と引き取ったものの、やはり部屋は狭くなるし、他人の箪笥を預かるというのも、あまりいい気はしない。

そのうちには「邪魔やな」と思うようになった。

一度だけ、観音開きの扉を開けたことがあるという。

男性用の茶色やチェックの背広が何着か掛かっていて、何着かは、クリーニング屋のナイロン袋が被せてある。

「あれ、誰の？」

友人に電話して聞いてみた。

「ごめん。実は亡くなった父のものなのよ」

そう言われて、なんだか気持ち悪くなった。


それから何日かして、家に帰るとキッチンの水道の蛇口から水が勢いよく出ていたということがあった。慌てて蛇口を閉めたが、閉め忘れなど考えられない。

しかし、その次の日からそんなことが続くようになったのだ。

家に帰ると、どこかの水道の蛇口が開いていて、水が勢いよく出ている。

キッチン、バスルーム、洗面所、そしてトイレ。

水道屋さんに来てもらって見てもらったが、異常はないという。

この家、古いしな。もう、引っ越そうかな、とSさんは思うようになった。

そうなると、あの箪笥はますます邪魔になる。

「いいかげん、持って帰ってよ」と友人に何度も電話をするがなかなか取りに来ない。

ある日も電話で交渉するが、友人は、のらりくらりとしていて、返答を避けたり、話題を変えたりしている。

「わかった。じゃああのタンス、もう捨てるからね！」と声を荒らげた。

その瞬間、預かった箪笥がガタガタ、ガシャガシャと揺れだしたのだ。

そして観音扉が今にも開きそうになった。

「ごめんなさい！」

思わず大声で、箪笥に謝ると、ピタリと静かになった。

「なに、どうしたの？」

友人が聞いてきたので、今あったことを話した。

すると、その日のうちに友人は、その箪笥を引き取って行ったのだ。

朱の盆

熊本県の出身だという年配の女性が「私がまだ十にもならない子どもの頃のことだから、六十年も昔のことだけどね」と聞かせてくれた話である。

父からお使いを頼まれた。隣村に住んでいる親戚（しんせき）のおじさんの家へ、ある届け物をして来いというのだ。

当時のこと、数キロの道のりを歩いて行った。

行くと「よう来たな」とおもてなしを受けたが、もう夜も更けかけている。

「帰らんと叱られるから」と、身支度をする。

「ええから泊まって行け」というのを振り切って、表に出た。

「ほな、これ持って行き」と、提灯（ちょうちん）を一つ持たせてくれた。

これがあれば、真っ暗な山道も歩ける。礼を言って山道へと向かった。

峠道にさしかかったとき、後ろから、カサカサと草をかき分けながらこっちへやって来る何かがいる。

ふっと、提灯を持ったまま後ろを振り返るが、途端に音は止み、気配もなくなる。ただ、漆黒の闇があるだけだ。

また歩きだすと、こっちへやって来る者がいる。振り返ると、漆黒の闇があるだけ。怖くなった。

何度も何度も振り返りながら、夜道を急いだ。

やはり、何かが後ろにいる気配はするのだ。

今度は左側から振り返るふりをして、いきなり右側から振り返った。「あっ!!」と驚いた。

真後ろに真っ赤な顔があった。

大きな般若(はんにゃ)のような顔が、提灯の灯(あかり)を受けて真っ赤だった。あるいは顔そのものが燃えていたのかもしれない。

驚いた拍子に提灯をその場に落とすと、メラメラと燃え上がった。

同時に大声で悲鳴をあげると、泣きながら夜道を走って、ようやく家に飛び込んだのだ。

家にいた母を見つけると、抱き着いて泣いたという。

「今になって思うと、あの赤い顔は、〝朱の盆〟と言われてるものだと思う。あの頃の熊本はそういった怪しげなものが出たという話はよく聞いていてね。私の友達は、アブラスマシを見たって言ってたけどね」

しかし最近は、そんな話もとんと聞かなくなったという。

イサムちゃん

Mさんが七、八歳のころのことというから、四十年ほど前のことである。

お母さんに、夕食の買い物を頼まれた。自転車に乗って駅前のスーパーマーケットに行った。その帰りのこと。

自転車を漕いでいると、自転車が意思に反してどんどん知らない道を走っていく。

ブレーキも利かない。

ところがある場所で自転車が停まった。

目の前に三階建てのアパートがあった。○○ハイツという札がある。

それを見た途端、いきなり頭痛に襲われた。体も動かない。

なのに、これも意思に反して、勝手に自転車から下りてハイツの中に入っていく自分がいる。全く知らない場所。その階段を上る。

そして二階のある部屋の玄関先に立って、インターホンを押した。

「はあい、どちら様」

中から女性の声がした。

するとMさんは、なぜか、

「わしや、ヒロシや」

そう言ったのだ。

「は？　どちらさん？」という訝し気な声がする。

「わしや、ヒロシや。帰って来たで」

その声も、Mさんのものではない。しかし、

「ほんとにヒロシさん？」

そういう声がしたかと思うと、玄関の扉が開いた。三十歳くらいの女性が顔を出した。

「えっ、子どもやないの」

「いや、ワシや。ちゃんと約束通り帰って来たやろ」

すると女性は、その場に立ち尽くしたまま、「わっ」と泣きだしたのだ。

一体何が起こっているのか、自分がどうなってしまったのか、Mさんにはさっぱりわからない。いや、そんなことを考える前に、ひどい頭痛は治まらないのだ。

すると女性も、フッと我に返ったようになり、

「そんなわけないやろ。あんたヒロシさんと違うし」

そう言うと、ドアを閉められた。

Mさんはくるっと踵を返すと、階段を下りて、自転車にまたがった。すると頭痛は嘘のように引いて、体も自分のものになった。そしてそのまま帰ったのである。

ところがもう一度、同じようなことがあったという。

ある冬のこと。

公園で友達と遊んでいたが、日も暮れだしたので友達と別れて、自転車に乗って帰ろうとした。

あたりは同じような文化住宅がたくさん立ち並んでいる。

ここは毎日自転車で通る道だ。家までは四、五分。絶対に迷うことのない道。ところが迷ったのだ。

いくら自転車を漕いでも家に着かない。そして文化住宅の立ち並ぶ道を延々と走るのだ。

すると、ある文化住宅の前でまたあの頭痛がしてきたのだ。体も動かない。

また自転車を勝手に下りて、知らない文化住宅の玄関の前に立つ自分がいる。

今度は、いきなり玄関の引き戸を開けると、

「ただいまー」

と声が出た。

「どちらさん?」という声がして、奥の部屋からおばさんが出て来た。

すると、

「まあ、イサムちゃんやないの。帰ってきてくれたん?　よう帰ってきてくれたな」

と言って、抱きしめられたのだ。そして号泣された。

Mさんは心の中で、

〈違います、違います!〉

そう叫ぶが、声にならない。

「イサムちゃん、まあこっち、上がってちょうだい」

おばさんにそう言われて、奥の部屋に通された。そして、

「イサムちゃん。手を合わせてあげて」

と、仏壇の前に座らされた。

手を合わせた瞬間、頭痛が引いた。

はっと、周囲を見る。

知らない家の仏壇の前にいて、知らないおばさんが隣に座っている。

この状態がとても怖くなった。

「ごめんなさい!」

そう言って慌てて部屋を出て、自転車にまたがった。
すぐに家に着いたという。

火車（かしゃ）

京都で着物職人をしているSさんと言う女性が「これは母から聞いた話ですけど」と聞かせてくれた話である。

Sさんの母はY子さんという。

鹿児島県の出身で、これは終戦の年、昭和二十年のことだという。

Y子さんはその頃五歳。

夜中に目が覚めた。おしっこがしたい。

そう思って起き上がり、裏の戸を開けて外に出た。当時のトイレは外にあったのだ。

用を足して、母屋に帰ろうとしたとき、真っ暗な中に妙な明かりがあることに気づいた。

それは、はす向かいの家の前に存在している。

なんだろう、とよく見ると、その家の玄関前に、人力車が停まっていてその車輪がボッボッボッと燃えているのだ。その照り返しで人力車に乗っている人が見える。

その家に住むお医者さんだった。もうずいぶんのお年寄りだったが、白い着物のようなものを着て座っている。燃えている車輪からは、火花が散っている。

ひょいと、梶棒（かじぼう）が上がった。いつの間にいたのか赤銅色の大男がその車を引っ張りだした。

ガラガラという音を立てて車が去っていくと、また元の暗闇に戻った。

あれっ、私、何を見たん？

翌朝、家の者から「はすお向かいのお医者のおじさん、死んだよ」と聞かされた。

「あっ、それ！　私、見たよ」

昨夜見たことを家の者に話すと「お前、今後そのことを話すことはならんぞ」と言われたそうだ。

Sさんは「でも母はよくその話を聞かせてくれて、わしは火車（かしゃ）を見た。そして、赤銅色の大男は、鬼だったと言っています」と言う。

鬼が来る

Cさんの親戚にあたる人の話だという。

戦後間もない、昭和二十年代のことである。

滋賀県のある村に、Cさんの祖父の生家がある。

その近所に、大きな商家があった。近江商人として成功した家だそうで、かなりの豪商だったという。

ただ、その長男のSさんが、仕事もせずに一日中ぶらぶらした生活を送っていた。もう四十歳になるというのに、朝早くに家を出ると、ふらりといなくなり、夕食の頃には帰ってくる。立派なものを身に着けてはいるが、いつも裸足で過ごしていて、あちこちでトラブルを起こすのだ。

短気な性格で、怒りっぽい。

何かがあると、相手に因縁をつけ、喧嘩をふっかける。そうなると腕っぷしにいわせて暴力事件となる。警察の厄介になることもしばしばだった。

この暴力は、家庭内でも日常的に行われていたらしい。

当時、庭の隅に風呂焚き用の薪が積み重ねて置いてあったが、その薪を手に持つと、Sさんは自分の奥さんの頭や腰を何度も何度も打ちつけ、怪我をさせることも多々あったのだ。

奥さんはその後遺症で、腰が曲がってしまっていたほどだ。

もちろん、家族の者は止めに入るが、Sさんの力と怒りの前にはかなうはずもなく、止めに入った者も、怪我を負うことになる。

この暴力は、実の親にも向けられていたようで、ほとほと手を焼いている。

そんな話をよく耳にしていたCさんの祖父は、

「罰あたりなこっちゃ。あの男は、ロクな死に方はせんやろな」

と口癖のように言っていたのである。

ところでこの土地には、こんな伝承があったのだ。

〝悪いことをした人間が死ぬときは、地獄から火の車が鬼と共に迎えに来る〟。

近所の人たちも「あのバカが死んだら、きっと火の車が地獄から来るに違いないわい」と噂していたのである。

このSさんは、その数年後に亡くなった。

Cさんの祖父は、葬儀の手伝いをしていて、Sさんの遺体が湯灌されるところを見たという。Sさんの遺体は、カッと目を見開いたままの物凄い形相で、その体も真っ赤に焼け爛れていて、大やけどを負って死んだのではないかと思うほどだったのだ。

こんな遺体は、初めて見た。

そして周りでは、

「火の車は本当に来た」

「鬼はほんまにおるんやな」

そんな会話が、囁かれている。

後日、Cさんの祖父は、なにがあったんやろ、と興味を持って、遺族のお手伝いさんや、出入りをしている業者さんなどから、Sさんの死にまつわる話を聞き集めたという。

すると、こんな状況だったというのだ。

Sさんは、急に倒れて寝たきりになった。

原因はわからない。大方、罰でも当たったのだろうと、周囲の人間は噂していた。

そして、危篤となった。

Sさんは、広い和室に寝かされ、その周りに家族一同、そして遠巻きに親戚、縁者が集まり、最後を看取ろうとしていた。

Sさんは危篤だという状態で、何かにうなされ、家族の者には、こう聞こえたそうだ。

「鬼が来る……鬼が来る……」

その一番近い枕元に正座をして、じっとその長男の様子を見ていたのが、Sさんの母親だった。

盛んに何かをつぶやき、うなされる我が子を、彼女は非常に冷たい、突き放すような目で見ていたという。

「鬼が来る……鬼が来る……」

なおもうなされている我が子。すると、母親の表情がキッと変わってこう言ったのだ。

それが、一言。

「来よった」

その途端、Sさんが口走る言葉が変わった。

「来た、来た、鬼が来た……鬼が……鬼が……火の車で、来よった。わあ、熱い、熱い、熱い！」

そういうと、Sさんは七転八倒しだした。

それを周りの家族、親戚の全員が、冷たい目で見ている。手を差し伸べようとか、容態を心配する者など、一人としていなかったのだ。

そして、

「わしゃ、まだ死にとうない」

そう言うと、息を引き取ったのである。

死んだ瞬間のその表情は、まるでとても恐ろしいものを目の当たりにした、といわんばかりの形相で、カッと見開いたその目は、閉じようとしても閉じなかったのである。

我が息子が死んでも、母親や家族は、まったく表情を変えずに、ただただ、その一部始終をじっと見届ける、そんな様相であったという。

ところがある時、Cさんの祖父は、このSさんの妹さんから一度だけ、こんな話を聞いたというのだ。

「兄さんの臨終のとき、私はお母さんの隣に座っていました。危篤だった兄の枕元で、お母さん、何かをつぶやいていたんです。最初、何を言っているのかよくわからなかったのですが、だんだん聞こえて来たんです。お母さん、『ギシギシ……ギシギシ……ギシギシ……』そう言っているんです。

えっ、なにそれ……。すると突然、兄さんが『鬼が来る……鬼が来る……』、そううなされだしたんです。そして、『来よった』と、お母さん、目を見開いて、はっきりとそう言ったんです。その途端、兄さんは七転八倒しだしました。そして、死んだんです。

きっと、あの『ギシギシ……ギシギシ……ギシギシ……』というのは、火車（かしゃ）がやって来る音を、お母さんは口にしていたんです。火車と鬼は、お母さんが呼んだのかもしれないって、私は思っています」

黒いバス

四国出身のOさんと言う男性から、中学生の頃の話だと聞いた。

三十年ほど前のことになる。


A君というクラスメートがいた。

ある家の三男として生まれたが、経済的な理由から親戚の養子となったことは知っていた。そのことで彼を仲間外れにしたり、いじめの対象にしたことはなかった。

ただ、給食の時の食べ方は早食いの上がさつで、何杯ものお代わりをする。いつもお腹を空かせていて、家では満足に食べさせてもらっていないようだった。いつしか「貧乏人の子」と揶揄されるようにもなって、A君は孤立した。

そんなA君に、Oさんはよく声をかけ、親身になって話し相手になったという。

するとA君は、だんだん思い悩んでいることをOさんに吐露するようになった。そしてこんな話を聞かされた。

養父、養母には「お前を歓迎して養子にしたわけじゃない。仕方なくお前を引き取ったんだ。ここまで育ててもらったことをありがたく思え」と事あるごとに言われ、最近は食事も満足に与えてもらっていないという。

食事のお代わりをしようとすると「養子がまだ食うか」という目をされる。

実は、養父、養母には実の子が一人いる。十歳以上下の弟になる子だが、この子が生まれたことから、養父、養母の態度が急変し、家の中で露骨な差別がなされるようになったという。その愛情のすべてが、実の子に向けられたのだ。また、養母からは「中学まではやるけど、そのあとは知らん。お前はわしらの子やない。出て行ってくれ」とも言われたらしい。話を聞いていて、かわいそうになった。

Oさんはその頃、朝起きるとランニングをするのが日課であった。町内をぐるりと走る。

ちょうどその途中にA君の家があったので、毎朝、A君の家の玄関から声をかけて、出て来たA君と何らかの会話をすることを日課とした。

「俺にそうやって声かけてくれるのは、O君だけや」

A君はその度にそう言ってくれた。

ところが、次の学年になった時、同じクラスではなくなった。

ランニングは続けていたが、進級したと同時にコースを変えたこともあり、A君とはそれっきり疎遠となったのである。

その年、夏休みの終わり頃のこと。

Oさんは母親から「かわいそうに、A君、亡くなったよ」と聞かされた。

「えっ、いつ?」

今朝のことだという。死因は、首吊り自殺。

義父、義母の家の裏の納屋の中にぶら下っていたらしく、後に分かったことだが、胃の中は空っぽで、ただ石鹸が入っていたという。あまりの空腹で、それを呑み込んだのだろう、ということだった。

(A君、かわいそうな死に方したな……。クラスは分かれても、あいつのこと、もっと気にしとくべきやったな)と、Oさんは心を痛めた。

葬儀のあった翌朝、Oさんはいつものランニング・コースを去年のコースに戻した。A君の家の前を走る為である。彼のことを偲びたい気持ちがそうさせた。

走っていて、彼の家が見えて来た。と、誰かが家の前に立っている。

A君?

(いやいや、そんなはずは。あいつ死んだもんな……)

いや、どう見てもA君だ。それが幽霊、という感じではない。生きているA君が家の前に立っているのだ。誰かを待っているようだ。

（あいつ、成仏してないんか？）

声をかけようとしたが、この世の者でもない友人と接触していいものかという心が働いて、物陰に隠れてその動向を観察した。そして思った。幽霊って、生きたまんまの姿で出るんや……。

すると、背後から霧が出てきた。たちまち視界が真っ白になる。霧の中に立っているA君がうっすらと見える。

そのA君の前にバスが停車した。

（バス？）

こんな道にバスなど来ない。停留所もない。

しかもこのバスはいつの間に、どこから来たんだ？

よく見れば、それはバスでもないようだ。

霧の中で、はっきりは見えないが、それはまるで、バスの大きさをした長方形の真っ黒い箱のようなものである。窓がない。サイドミラーやヘッドライトといったものも一切ない。ただただ、黒い箱にタイヤが付いているだけ。そんなものがA君の家の前に停車している。

A君の姿はそのバスのようなものに阻まれ、見えなくなっている。そして、目の前に現れて三十秒ほどしてからだろうか。

それは、エンジン音を吹かせて動きだし、すぐに霧の中に消えたのである。A君の姿も消えていた。

「……俺、何を見たんや？」

気が付くと、霧は晴れていて、いつもの道に戻っていた。そういえば、さっきは人気も音もまったくない道だった印象があるが、今は向こうの方で道を掃き掃除している人がいるし、新聞配達の自転車がこっちへ向かってきている。スズメやカラスの鳴き声も聞こえている。

次の朝も行ってみた。

A君は家の前に立っている。誰かを待っている様子も昨日と変わらない。

また物陰に隠れて様子を見た。すると、昨日の朝同様、霧が背後から来て、また周囲を白くし、黒いバスのようなものが現れた。それは霧の中からいきなり出て来た印象だ。それがA君の前に停車すると、またエンジン音を吹かせて動きだし、白い霧の中に姿を消した。

もう、霧が晴れていてA君の姿もない。そして霧が発生していた時は、物音一つせず、物凄い違和感に襲われた。これが毎朝続いたのだ。

四日目の朝、思い切ってA君に声をかけてみた。

「よお、なにしてん?」

するとA君は「おお、Oか、元気でやっとる?」

普通に会話ができたのだ。だから、なるべくいつものように接しようと心がけ、会話を続けた。

「お前さあ、いつも黒いバス待ってるやろ。あれに乗って、どこ行ってるんや?」

そう聞いてみたら「いや、別に……」とA君は口を濁した。

「でもあれ、バスなんか? 窓もなんにもない、真っ黒けのもんやけど」

「お前、見たんか?」

「うん。あれはなんなん?」

「……さあ、俺は何も言われへん」

そんな会話をしながら、Oさんは霧が出てバスが停車するのを待った。しかし霧がなかなか来ない。そしてその間、この道はまったくの無音となって、人気もなくなる。得も知れない違和感が体を襲い、鳥肌が立つ感覚である。長居もしていられない。この後学校へ行く準備をしなければならない。

「じゃ、俺行くわ」と、A君と別れた。

その瞬間、あたりが霧に覆われ、振り返ると黒いバスが出現していて、それに乗り込むA君の姿があった。だが、扉も窓も何もない真っ黒い箱であることは間違いない。そしてこの時は、そのまま霧が黒いバスを包み隠すと霧ごとバスは消えた。

翌朝も、家の前に立つA君に声をかけた。やはり鳥肌が立つ感覚。何か彼とは接触してはならないという、危険信号のようなものが、体のどこかから出ていることはわかる。それでも彼に声をかける。

「よお、A」

「おぅ、おはよう」

そのやりとりは、生前と変わらない。

「今日もバス、待っとるかん」

「まあな」

「ところであの黒いバス、なに？　どこへ行くん？」

「そやから俺には言われへんて」

「なんで？」

「そう俺を困らせるなや」

「わかった。じゃ、このこと聞いていいか？」とストレートに質問をした。

「お前、死んだんやな。間違いないな」

「ああ、死んだことは間違いないわ」

「だったらお前、毎朝ここにおるのはなんでや？　成仏できん、なにかがあるんか？」

するとA君はにっこり笑って「それは、そのうちわかるわ」と言った。その間、霧もバスも来ないのだ。そしてなぜか髪の逆立つのがわかる。

「じゃ、な」

別れると、また途端に霧が出てきて、黒いバスが音もなく出現する。そして、霧もろともバスは消えて、A君もいない。

翌朝は、こんな会話をしたという。

「あの黒いバス。俺も乗れるん？」

「いや、お前は乗らん方がええ。で、知らん方がええ」と言われた。

その翌朝からは、ランニングのコースを戻した。考えてみると、明らかに亡くなった友人と毎朝会話するということ自体、異常なことだし、そのうち自分もあの黒いバスに乗って、死の世界へ行ってしまうのでは、という不安も出て来た。鳥肌が立ち、髪の逆立つ感覚とあの違和感は、そのことを体の本能が感知しているのだ。もう、A君とは関わらない方がいいと思うに至った。

学校から帰ると、「なあ、知ってる？」と、母から話しかけられた。

「自殺したA君、おったやろ。あそこの家の人、みんな、死んだらしいよ」

「え、みんな？」

原因はよくわからないらしいが、大人二人は風呂場で死んでいたらしい。湯が張ってある浴槽の中で、二人は向かい合って座り、そのまま顔を湯につけていた状態だったという。

三歳になる弟は、布団の中で死んでいたという。うつぶせになったままの状態で、外傷はなし。布団に顔をつけたままの窒息死とされたらしいが、こんなことがほぼ同時刻に起こるなんてことがあるだろうか？

警察は、特に風呂場の二人の死因が、自殺なのか他殺なのかわからない、ということで捜査が始まっていて、周辺での聞き込みがあった。ところがこの時、近所の人によると警察は妙な質問をしているというのだ。

「あの家にはA君という中学生の男の子がいましたが、彼はほんとうに亡くなっているのですか？」

A君の自殺を確認したのは警察である。葬儀も執り行われた。そういうと警官は黙って帰って行ったが、近所ではこのことがたちまち噂となった。

どうやら、風呂場や子どもが寝ていた部屋などから、A君のものと思われる大量の足跡や指紋が検出されたらしいというのだ。また隣人から、事件当日の早朝四時ごろ、当家の玄関からA君が出て来たのを見たという証言もあったという。

この話を聞いてOさんははっとしたという。

「お前、毎朝ここにおるのはなんでや?」という問いにA君はにっこり笑って「それは、そのうちわかるわ」と言った。その言葉が気になった。

(あいつ、何かやらかしたんやろか)

と同時に、まだ彼が早朝の玄関先に立っているのだろうかと気にもなった。

翌朝、ランニングをしながらA君の家へと向かった。

黄色と黒色の警戒用テープが張られている家の玄関口に、A君は立っていた。

(まだおる!!)

Oさんはそっと物陰に隠れて、その様子を観察した。そろそろ白い霧がやって来る頃だが、一向に来ない。するとA君は不安げな表情を見せると、あたりをきょろきょろしだした。そして、いつもバスが消える方向へと走り出すと、そのまま消えた。

以後、A君の姿を見ることはなくなったという。

Oさんと同郷であるというNさんという主婦によれば、「その家は地元では有名になってしまって、でも三十年ほど前のことですからねえ。実はその家、私も知っているんですよ」と言って、こんな話を聞かせてくれた。

「しばらく、あそこは誰も住まなかったんですけど、立派な木造二階建ての家でしてね。何年かしてある家族が住んだことがあるんです。でも、半月もしないうちに出て行ったんです。どうも、お風呂に入っていると浴槽の下から、急に足を引っ張られて溺れそうになったり、鏡に知らない制服姿の中学生の男の子が映ったりして、それで事件を知って怖がって逃げちゃったみたいですね。それから、もうずっと空き家だったんですが、実は今、住んでいるんです。リフォームされたその家に。単身赴任のサラリーマン。もう、二、三年はなるでしょうか。気になって私、その人に聞いたことがあるんですよ。あの家に住んでて違和感とか、ないですかって。お風呂場とか気にならないですかって。そしたら『私、寝に帰っているだけで、お風呂場は滅多に使っていない』って言われました」

霧の出る夜

これも四国の話であるが、県は違うようだ。

Fさんという高校の先生からお聞きした話である。

この人は高校野球が好きで、地元の高校が予選大会に出場すると、休みの日などは応援をする為に、なるべく球場へ足を運ぶという。すると、いつも一塁側のスタンドで、いつも一人で球児たちを応援している中年の男性を見るのだ。

ある日、またその男性を見かけたので、声をかけてみた。するとその男性は、「私ね、こういうキラキラとした高校生の姿を見るのが好きでしてね」と言うと、ちょっと顔を曇らせ、こうも言ったという。

「今までさんざん恐ろしいもの、嫌なもの、辛いもの、悪いものを見てきましたから……」

そして、うつむいて息を詰まらせた。

「その、お辛かったお話、よければ私に聞かせてくれませんか？」と言うと、こんな話を聞かされたという。

この男性はHさんという。ある工場で作業員をしている人だ。Hさんには、A子さんという姪がいて、結婚をして近所に住んでいたらしい。ところが結婚相手の男というのが女にだらしなく、結婚が決まっても女がいるという状態だったのだ。しかも、定職に就いていない。気が向いたら日雇い仕事に出かける。たまにお金を稼ぐとパチンコ屋に入り浸る。

A子さんは近くのスーパーで働いていて、男はその収入をあてにしている。A子さんは生活費を負担するだけでなく、小遣いも渡していた。ただ、家賃だけは男が滞納もせずに入れていたらしい。

結婚をするとき、Hさんはもちろん、家族、親戚一同は猛反対した。しかし、一方的に惚れたのはA子さん。「苦労は覚悟しています。でもあの人は、私でなかったらもっとダメになってしまうから」と、結局彼女は、周りの意見を押し切って結婚したのである。

だから、このような生活を、粛々と受け入れていたのである。

ある日、A子さんが妊娠したことがわかった。男に報告すると、彼はたいそう歓び

「そうかあ、俺も親父になるのか。そうなったら大黒柱や。定職見つけてお前と子どものために、心入れ替えて働かなあかんな」と言う。涙が出た。やっと旦那はその気になってくれた。

「あんた、実家に帰って報告したいんやけど」

「おお、そうせえそうせえ」

喜び勇んで実家に帰り、そのことを報告した。子が産まれること以上に、旦那があんなことを言ってくれたのが嬉しかった。両親も喜んでくれ、その日は実家に泊まった。

そして翌朝、旦那が待っている家へと帰るともぬけの殻。男は他の女の元へ走ったのである。

離婚することになった。

子どもは私が産み育てる。A子さんはそう言って未練を断ち切ろうとした。しかし、あれほどの裏切りと絶望で、かなりの精神的ショックを受けていて、子を産んだ後、産後の肥立ちが悪く、間もなくA子さんは亡くなったのだ。

子どもは、親戚の叔父夫婦が育てることとなった。

が、あの男は、いつの間にか、A子さんと住んでいた借家に女と戻ってきていたのである。何食わぬ顔をして、生活をしている。

この借家の向かいに住んでいたのが、Hさんだったのだ。

こんな田舎のこと。近所には親戚縁者が住んでいたという。

「あの男、姪を殺しておきながら、よおもしゃあしゃあと戻って来たな」

普段は温厚だというHさんも、流石に腹を立てた。あの借家の家主はHさんの兄だった。

その兄に電話をしてみた。

「なんであの男に家を貸したんや」

すると、ずっと家賃だけは男が払っていたので、契約のとおり解除するわけにはいかない。という。なんだか腹の虫が収まらない。

男が向かいの借家に戻ってきて、三、四日たったある夜のこと。

自動車がこちらに近づく音がした。大型車両のように思われる。

この前の道は、車は通れるが私道である。この先は田んぼへしか行かないし、大型の車両などめったに通らない。しかももう夜の十時を過ぎている。

（一体、なんやろ）

ちょうど二階の居間にいたので、カーテンを開けて外の様子を見た。

霧が出ていた。

こちらの玄関先の門と、向かいの玄関先の門の近くに外灯が一つずつ点いているが、それが白い霧を照らしている。しかしその霧は道に沿ってのみ発生していて、向かいの家の様子が見えるのだ。

（なんや、妙な霧やな。というか、霧か？　あれ）

その霧の中から、いきなり黒いバスのようなものが現れた！

（バス？　バス？　こんなところに？）

あの大型車両のエンジン音はあのバスのものだったのだ。しかし、何か違和感がある。

よく見ると、それは窓も何もない真っ黒な、バスの形をした箱のようなものだったのだ。そしてそのバスは門の前で一旦停車すると、すぐにエンジン音を響かせて、霧の中へ消えていった。と、同時に霧も跡形もなく消えた。

その女は、そのまま向かいの門をくぐると、玄関の中へと消えた。

と、女の後ろ姿がそこにあった。

（あれは、姪のA子ちゃんや）

すぐに分かったという。そして、あんな死に方をしたんだ、化けて出て来たんだと納得した。しかし、はっと夢から覚めたような状態となった。

（あれ、俺、今何見た？　黒いバス？　姪のA子ちゃん？　幽霊？　夢でも見たんか？）

もう一度、目を凝らして外を見る。いつもと変わらない静かな夜の風景があった。

ところが、次の夜も同じことが起こった。

夜の十時が近づくと、大型車両のエンジン音が聞こえて来た。奥さんを呼んで一緒にその顚末を見た。霧が道なりに発生していて、やはり霧の中から真っ黒い箱のようなバスが現れて、門前に停車する。

「なに、あれ？　バス？　窓も何にもないけど」

奥さんが不思議そうにそう言った。

すぐに黒いバスは、またエンジン音を響かせて霧の中へと消えた。同時に霧もあっという間に搔き消える。

「あっ、あれ、A子ちゃんやないの？」

「やっぱりそうか」

姪の後ろ姿。それが向かいの門へ入り、そのまま閉まったままの玄関をすり抜けるようにして消えた。

以後、毎夜、というわけではないが、何度かそのバスのようなエンジン音を聞くようになった。見なくても「あっ、来た！」とわかる。

A子は何をしに来ているのだろう。復讐（ふくしゅう）か？

しかし、あのバスのようなものは？

A子さんの気持ちはわからないでもないが、やはりこういう現象は気味が悪いし、怖くもある。

それから一週間ほどして、仕事から帰ると、家の前にパトカーが停まっていて、近所の人たちが群がっている。

「あっ、Hさん。えらいこっちゃで」

「何事ですか？　これ」

「逮捕されたんや」

「えっ」

「ほら、A子ちゃんの元旦那が連れ込んでた女。違法薬物の使用とかで、捕まったんや」

そして、女は連行されたのである。

さすがに気になった。

向かいの家の大家である兄に電話をした。そして、様子を見てくるよう促した。

「そうやなあ。ロクでもない男やけど、いっぺんは親戚にもなった男や。明日にでも様子見てくるわ」

次の日の夜、兄からこんな報告を受けたという。

部屋を訪ねると、体格の良かった男は、随分とやつれていて、目の下にクマを作り、部屋の隅で膝を抱えていたという。そしてブツブツと何かを言っている。

「どうした」と言っても、ぶつぶつとつぶやくばかり。しかしよく聞いてみると、「あいつが来る、あいつが来る……」と繰り返している。「あいつって誰や」と肩をつかんでゆすってみた。すると「A子が来るんや！」と叫びだしたという。

落ち着かせて話を聞くと、元嫁のA子さんが夜な夜なやってきては、女の首を絞めるのだという。その形相は、恐ろしいもので、髪は逆立ち、目は血走り、口は耳まで裂けてはいるが、表情は笑っている。そんなことが続くので、女は薬に手を出して、逮捕されたという。その間、男は金縛りにあったように動けなかったそうだ。

女が捕まっても、A子はやはり、毎夜のように訪れたらしい。鬼のような形相で、しかし笑いながら、男の首に爪をたてて、真一文字になぞるのだという。あまりの恐怖に失禁した、と。家に来るのなら、ここを出ようとすると割れるような頭痛に襲われ、結局夜はこの家の中にいることになる。そして、来るのだ。そしてそれは朝方まで続き、外が明るくなるころには姿を消す。

「そんなことが、ここんとこ毎晩続いているって言うんや。これ、ほんまやろうか。にわかには信じられんけど、あいつのやつれた姿と怯えてるあの表情は、嘘とは思えん。話を聞いてて、わしもゾッとしたわ」と兄は言う。

「兄さん、黙っとったけど実はな……」と、Hさんは初めて兄に、あの黒いバスの話をしたのだ。

「そんなことが……」と、兄は絶句した。

翌日の夜、男は部屋で首を吊って死んだ。自殺とされた。

Hさんと兄は、その遺体を確認した。

首に、真一文字のロープの跡があった。

おかげでこの家は、事故物件となってしまった。

「じゃあ、俺が住んだろか。その代わり、家賃ただやで」と、別の親戚の者が住みはじめたが、すぐに出て行った。

「おやっさん。あそこあかんわ。あそこ貸し出したら、死人が出るかもしれんで」

そう言われて、ある人から霊媒師を紹介してもらって、祈禱をあげてもらおうとした。

すると、「ここはあきません。私には祓いきれません」と帰ってしまった。以後、あの家は物置小屋となっているという。

そして黒いバスのようなものは、男が首を吊って以来、現れなくなったらしい。

そこまで話を聞かされたFさんは、このHさんに「ところで、その姪っ子さんが産んだ子なんですが、預けられたんですよね。親戚の方でしたっけ」

「ええ、叔父夫婦に預けられました」

「その子は、お元気なんですか？」

するとまた、Hさんの顔が曇った。

「あの子も亡くなりました」

「えっ、どうしてですか？」

叔父夫婦からはこんな話を聞かされたという。

あの男が首を吊った夜のことらしい。

畳に布団を敷き、赤ちゃんを真ん中に叔父夫婦と川の字になって寝ていた。すると、夜中に廊下から足音がして目が覚めた。こんな時間に人が来るわけがない。さては泥棒かと思って起き上がろうとしたが、夫婦とも金縛りのような状態となって、まったく体が動かない。だが、足音は近づいてきて、いつの間にかこの部屋に入って来た。

しかし襖が開いたわけでもないし、電気の消えた部屋の中に、人影があるわけでもない。しかし、確実に人がいるという気配はする。

すると、赤ちゃんが寝ている上のあたりから「あぁ」という女の声が聞こえた。その瞬間、二人とも体が自由になった。慌てて電気を点けてみたが、やはり誰もいない。赤ちゃんもすやすやと寝ている。

何が起こっているわけでもないし、もう気配も消えている。

電気を消して、寝た。

翌朝、赤ちゃんは息をしていなかった。

「だから、キラキラと輝いて生きるっていうのが、私には癒しであり、慰めなんです。あの球児たちを見ていると、救われるんですよ」

そう言って、Hさんの目は、またグラウンドでプレーをしている球児たちに向けられた。

その目に、うっすらと涙が浮かんでいるようにも見えたという。

パイナップル畑

沖縄本島に住むMさんは、近くの工場で働いていて、自転車で通勤している。時々、知り合いのパイナップル畑を横切らせてもらうことがある。近道なのだ。

もちろん、知り合いには許可をもらっている。

ある夜も、工場からの帰り、近道を通ろうとパイナップル畑に入った。すると前方に大きなヘッドライトの光のようなものがあって、移動していたのだ。よく見ると、真っ黒いバスのようにも見える。しかしあのあたりは、道も何もないパイナップル畑。

一体、あれはなんだろう？

妙な好奇心が湧いてきた。Mさんはその黒いバスを延々と追いかけた。

そのバスは、ヘッドライトは点けているが、他に明かりがない。窓も何もないように見える。またそれは、走れるはずのないパイナップルだらけの道なきところを、まるで幽霊のように走り抜けている。

やがて、畑を出て県道に出た。バスのようなものは、県道を走り、やがて停車した。

そこに女性が立っていた。女はバスの中に吸い込まれるように消えた。そしてまたバスは走りだす。

Mさんは、懸命に自転車をこいで追いかけたが、バスを見失うことはなく、そのまま道なき雑木林を行き、再び別のパイナップル畑を抜ける。その間、バスは三度、何もない暗闇の中で停車したが、いずれもそこには暗闇に女性が立っていて、女性はバスに乗り込んだかのように、消えたのだ。

やがて、バスはその先の米軍基地へと入って行った。

それが、金網のフェンスをすり抜けるように通過して行って、近くの門にいる守衛の兵隊はそれに気づいていないようだった。

これ以上は追えない。そのまま、バスは基地のどこかへと消えた。

「俺、昨夜、妙なもん見たけど、なんだろな?」と、ある友人に話した。

「どんなバスだ」と聞かれて「いや、バスかどうかはわからんが、大きさや形はバスのように見えた。でも窓も何もないし、ヘッドライトの明かり以外はなにもなく、真っ黒の箱のようなものだった」と言うしかなかった。

「その、黒いバスのようなものは、どこに停まったって?」

「暗くてわからなかったけど……」と、場所を説明した。

すると、友人はハッとした顔をして「それ、米軍基地の中に入って行ったって言ったな。覚えてるか？　あのあたりのパイナップル畑で米兵によるレイプ事件があって、それを苦に自殺した女性がいたじゃないか。そういう無念の気持ちを持った女性たちの霊を乗せて行ったんじゃないか」

「あ、あの雑木林でも何年か前、そんな事件あったな。でも、その女性は死んだとは聞いてないけど」

「じゃ、なんだろ……」

ところがMさんは、後にこんな話を知ったという。

Fさんという男性の婚約者が、米兵に暴行を受け、妊娠。中絶をしたという。しかしそれを期に精神的に病んで、やがて自殺をしてしまった。

Fさんは以後、米兵を憎んで憎んで、この恨みをどうやって晴らせばいいのか、そんなことばかり考えるようになった。

ある夜、仕事を終えた帰り道、一人歩いていると、目の前に真っ黒いバスが停車したのだという。それは窓も何もない、まさに車輪がついた真っ黒な大きな箱のようなものだったのだ。

驚いて立ち尽くしていると、箱の中からすっと、バスガイドの格好をした女性が出てきて、「乗りますか」と声をかけられたのだ。

しかし、なんだか得体の知れない恐怖に襲われて「いや、いいです」と断ると、「承知いたしました」とその女性は、黒いバスのようなものにまた吸いこまれるように姿を消した。

そしてバスは出発したが、すぐにその姿は闇の中に消えていったという。

守護霊をつけてもらった話

Cさんが、大阪郊外の家に帰ろうとタクシーに乗った時、運転手からこんな話を聞きだしたという。

「あの、信じてもらえないかもしれませんが、そういう話がお好きのようならお話ししますよ。あのですねえ、三ヵ月ほど前のことなんですけど、私、ある人に守護霊をつけてもらったんです」

「はっ?」とCさんは聞き返した。「守護霊なんて、つけられるもんなんですか?」

「ええ、そうなんですよ。つけられるんですよ」と運転手は言う。怪訝(けげん)な顔をしているCさんに、続けてこんな話をしたのだ。

「お客さん。言っておきますけど、私、それまでは霊とか占いとか、まったく信じない人間でしてね。ここに至るまでのお話をしなきゃならないですけど、いいですか?」

「ええよ。家まで時間あるし」

すると、運転手はこんな話をしだしたのだ。

「私ね、けっこう頑固で負けず嫌いな性格でしてね。例えば、十三でお客さんを乗せると、酔っ払いとか、喧嘩早いのとか、やんちゃなのとか、いろんなお客さんがいますわ。まあ、仕事ですから、それは承知のうえで、目的地までお連れするわけです。でもね、車の中でからんできたり、喧嘩売られたりするとね、ついつい相手になって、もめごと起こしちゃうんですよ。で、会社に帰るともう、先方さんからクレームの電話が入っているわけです。

『お前んとこの、Fとかいう運転手、生意気や』とか『教育がなっとらん』とか『訴えるからな』というのもあって。

その度に上司に呼び出されて注意を受けて、始末書、書かされるわけです。それが毎日のことでしてね。始末書も一日に何十枚も書かされることも度々でして。

ある時、飲みながら友達にそのことを話したんです。そしたら『それって、何かが憑いてるんじゃないの』とか言うんです。でもね、さっき言った通り、私、そういうこと信じていないし、興味もないわけですよ。で、『そんなことあるかい』って、笑うわけですけど、友達は真剣な表情でね。そいつ『俺、いつも世話になっている霊能者の先生に、来週会いに行く。予約入れてあるんで、お前も一緒に来て相談してみろ』と言うんです。『先生には、俺から話しておくから』って。

私は思いましたよ。また胡散臭い話やなあ、と。で、友達にははっきりそう言って断るんですけど、友達があんまりしつこく勧めてくるんで、その胡散臭い霊能者とかいう先生は、一体どういうことを言ってくるんやろ、観察したろ、と思って、ついていくことにしたんです。

名古屋の先生でしてね。会ってみたら、普通のおっちゃんでした。まあ、最初はね、友達の相談に対して、ああだこうだとアドバイスをしていましたが、その先生、ふっと友達の後ろで座って聞いてる私に向かって『あなた、部屋の写真ありますか？』と言うわけです。

『はあ、ありますけど』

そう言って、先生にスマホで何枚かの写真を見せたんです。ちょうど嫁がね、部屋の模様替えしたんで、写真を何枚か撮ってたんです。それを見せたら先生、『マズイことになっていますねえ』と。

ほらほら、来た来た。常套句や。先生、言いよる。

『今、この部屋に、二体の霊がいます。今、一体はまだ眠っていますが、一体はあなたにいろいろ悪さをしています。今、あなたの体にその現象が起きているはずです』と。

その時、ふっと思いあたることを思い出したんです。

右手に怪我をしましてね。それがなかなか治らないんですよ。なにかに引っ掛けたんでしょうか、腕の甲のあたりに何本か傷跡ができましてね、それがいつの間にやら、広範囲に火傷の跡みたいに広がって、じゅくじゅくになって、痛痒いんです。たまに調子が良くなると、今度はカサカサのケロイド状になるんです。よくなったのかな、と思うとまたじゅくじゅくになって、痛痒い。病院に行っても、原因が分からん、とか言われて、一応薬をくれるんですけど、それを塗ってもしばらくマシになるだけで、またじゅくじゅくになる。そんなことに長年苦しんでいる、そんなことを先生に話したんです。そしたら、

『それは霊の仕業です』

　また来た。これはこのまま、弱みを握って、その霊を祓ってやるからとか何とか言って、高額な請求してきよるパターンやな。怪しい商売や。まあ、心の中ではそう思って、でも口では『どうしたら、ええんですか』と聞いてみた。

『一つは、あなたの部屋を除霊しなければなりません。もう一つは、あなたの運勢が悪い。悪すぎる。このままだと、多分あなたは数年後には車椅子生活になる。最悪の場合、その数年後にはもう、あなたはこの世からいなくなるでしょう。私にはもう、あなたが車椅子生活をしているのが見えます』

　わあ、来た。極めつきやな。こうやって人を脅すわけやな。で、何を言いよるのかと思って、言うたんです。

『それは怖いですね。どうにかならないんですか?』

『人間の運勢には、天から来るもの、内から来るもの、外から来るもの、三つある。あなたの場合、外から来る運気はさほど悪くはない。それは仕事運とか金運とかのことです。悪いのは内から来る運気。健康運とか生活運。これが極端に悪いから、周りにいる人たちもそんなのが集まってくるわけです。だから、その悪い運気を伸ばします。そうすると、今日を境にして、運気が格段に上がって、その傷も治りますわ』

そういうと、その先生、私を前に座らせると、子どもでもできそうな簡単なおまじないみたいなことを囁かれたんです。それだけ。

その日は友達の予約日だったんで、友達が見料を払ってくれたんですが、そんなに高い金額やなかったんですね。

それで、その翌朝からもタクシー生活が続くわけなんですけど、ところがね、あのおまじないが効いたんですよ。今、六月でしょ? おまじないをしてもらったのが、去年の十一月くらいのことでした。あれから、ややこしいお客さんを乗せることがパタッとなくなって、トラブルもない、始末書も嘘のように一枚も書いていないんです。いや、ほんとうに、無くなったんです。そしてね、お客さん、これ見てくださいよ」

信号待ちした運転手が、スマホを見せて来た。

腕のある部分が画面いっぱいに写っている写真。

「ほら、わかります？　これね、あの先生に会う直前の私の腕です」

そこには酷（ひど）いケロイド状のものが広がっている。

「それでこれが先生にあった翌日、そこから一週間おきに撮ったのがこれです」

確かに目に見えて、週を追うごとにケロイド状のものが小さくなっていく様子が記録されている。

「今はね、お客さん。蚊が刺したくらいの跡しかないんですよ。怪我をして何年も苦しんできて、こんなに良くなったのは初めてでしてね。それで、あの先生にもう一回連絡を取って、うちに来てもらったんです。それで家の中をお祓いしてもらった。その時に先生は『あなたを守っているものが弱いようだから、人生がよくなるように、守護霊をもう一つおつけしますね』。そう言ってまたあの、子どもがするような簡単なおまじないをされて。それからまだ二カ月ほどなので、守護霊の効果はまだ感じてはいないんですけど、ほんとうにあれから私の人生は変わったんです。ですから、あの先生はホンモノなんです」

衝突事故

ある保険会社に勤めるJ子さんは、「私は営業なんですけどね、保険会社には損害課というのがあるんですよ。これは、その損害課にいる同僚から聞いた話なんですけど」とこんな話をしてくれた。

事故があると、まず社内のサービスセンターに報告が上がってくる。

「時間は深夜、衝突事故」と第一報が入った。するとその報告が、損害課にまわされてここからは損害課の仕事となる。

翌朝、出勤してきた損害課のK子さんがその案件を引き継ぎ、お客様に電話で連絡をした。

「お客様、大変でしたね。お怪我はありませんか?」

この時電話に出たのが、契約者の還暦を迎えたご主人だった。

「怪我はないです」

「ところでお客様。サービスセンターからの報告を承りますと、相手車が不明、ということになっておりますが、それは、相手が逃げてしまったということでしょうか?」

「いやいや、逃げたんじゃなく、消えたんです」

「はあ?」

話を聞くと、こういうことだったという。

事故のあった道は、河に沿った一本道。道幅は、車一台が通ると、対向車とはすれ違うことのできない道幅。その道を夫婦で夜、走っていた。親戚の法事の帰りだったという。

道は直進しているので、そのまま走る。

ところが、前方目の前に、突如車が現れ、よけきれずにその側面に衝突したのだという。

妙なことに、片側は河。もう片方は土手。入ってこられる道などない。そこに突然車が道を横断するように現れたという状況だったらしい。

そして、突然現れたその車は、しばらくして突然消えたのである。

「どこに消えたのですか?」

「それはこっちが聞きたいです」

衝突した時、車を停めて降りたという。

すると、相手の車からも降りて来た。若いカップルだが、なんだか違和感があった。

その二人の格好というのが、二人ともパンタロン。女はスカーフにトンボメガネ。今どきのファッションではない。


「ちょっと君たち。なんで急に飛び出してきたんだ」

そういうと、若い二人は戸惑いながら、

「それが、全然わからないです。僕たち、デートしてて、家を出たところだったんです。なんでこんなとこにいるのか、わかんないです。一体ここはどこですか？」

なんだか全然要領を得ない。

すると、突然二人が半透明になったかと思うと、車ごと消えたのである。


ご主人が言う。

「実はこんな話、するべきかどうか迷ったんです。明らかにこれ、頭がおかしいと、思うじゃないですか。でもね、そうとしか言いようがないんですよ」

対応しているK子さんも困惑した。こんな話、上司にあげられない。

「消えた、と申されましても……。では、相手車不明ということで、よろしいでしょうか」

そんなやりとりをしているうちに、この契約にはドライブレコーダーが取り付けられていることが明記されていた。このドライブレコーダーは、この保険会社が貸し出しているものである。衝突した瞬間、録画されたデータが自動的に会社に送られてくるのである。

確認したところ、データは送られていて、再生してみた。

夜道を直進していると、突然車が現れ、ボンと激突する瞬間が映っていた。

相手の車ははっきりと確認できる。

車種は、日産スカイラインのケンメリと呼ばれた古い型。一九七二年に二百台ほどしか生産されなかったGT-Rであることもわかった。今となっては、アンティーク車としても滅多に見かけないものだ。

ところが、映っているものはどう見ても新車のようで、そこから二人のカップルが降りてくるところも確認できた。カメラの位置の関係ではっきりとは見えないが、お客さんから聞いた話は、どうやら本当のようだ。

夫婦とカップルが何か話している。すると、霧のようなものが発生し、画面が真っ白になり、ふっと霧がなくなると、もう車の姿はなく、茫然と立ち尽くす夫婦がいた。

この事故は、最終的には車両保険を使って全額修理ということになったという。

ただ、契約者の奥さんがこの事故に対して、非常に怯(おび)えているのだ。何かショックを受けたようだ。

後日K子さんは、こんな提案をしてみた。

「お客様、いかがですか。人身傷害保険にも加入されていますので、なんでしたら、事故のショックということで、慰謝料を出すこともできますよ」

するとご主人が「実は、妻が妙なことを言いだしているんです」という。

あの、ケンメリから降りて来たカップルは、若かった自分たちだというのである。

その女性は、特徴のある指輪をしていたというのだ。それは、ファイヤーオパールという珍しいもので、当時はあまり出回っていなかったが、ご主人の父親は宝石商をしていて、二人の結婚記念として、これを外国から購入し指輪に仕立てたもので、まさにそれだったというのだ。

「あれは、私よ。そして男の方も、若いあなただったのよ」

だが、二人はケンメリという車にのったことも、事故に遭った経験もないという。

車両保険を支払ったところで、この事件はクローズとなった。

書き換えられた原稿

Eさんは、長崎県諫早市の出身で、高校の先輩に芥川賞作家を受賞したNさんという作家がいる。

これはその高校時代の恩師から聞いた話だという。


Nさんには、諫早藩の歴史について著述した小品がいくつかある。

いずれも史料を集めて読み込み、現地取材を重ねた労作である。

ある時も、諫早藩について書いた原稿を出版社に持ち込み、打ち合わせをした。

この藩は、いろいろと悲惨な歴史を辿っていて、謎も多い。その謎を追い、書き上げた原稿は、Nさんとしては満足のいくものであった。

さっそく、ある雑誌に掲載されることとなった。

ところが、刷り上がった雑誌を読んで、愕然とした。

その内容が、まったく別のものになっていたのだ。

慌てて担当者に確認したが、担当者はまったく手を入れていないという。この時N

さんは、肥前佐賀藩の重臣R家についての調査をしていて、そのことについて深い考察を試みているが、これについて調べた人はNさん以外には存在せず、ましてや担当が知るはずもない。

その、R家について書いた部分が、まるっきり変わってしまっているのだ。

だが、読み返してみると、書き換えられたものの方が、史実に近いような気がしてきた。

また、Nさんが調べても調べても出てこなかった部分が、詳細に書かれてある。それもNさんの文体そのものである。

そのまま掲載することにした。

〝歴史的大発見〟である、とある歴史家は、この原稿を読んで大絶賛の感想を寄せた。

「これはおそらく、当時を生きた、亡きR家の人たちが、ほんとうの歴史を知ってほしいと伝えたくて、内容を書き換えたのでしょう。そうとしか考えられません」と、Nさんはこの恩師に言ったのだそうだ。

ファックスの声

損害保険会社の損害課に勤めるNさんの二十年ほど前の体験談である。

当時のNさんは、自動車の損害事故を担当していたという。

この頃、事故で破損した車は、契約者が取引のあるディーラーに委託したいという場合以外は、指定工場を紹介していたのである。

作業員がたった一人という個人経営の工場だが、どんな無理難題の要件をお願いしても、快く受けてくれ、期限内には終えてくれる。だから自然ともっと無理難題な仕事を押し付けてしまう。それでもこの工場は、それを解決してくれているのだ。

また工場を経営している社長さんが、笑顔を絶やさない温厚な人柄で、評判のいい人であったという。

「あの社長さんには、随分と助けられていて、いつも感謝していたんです」とNさんは言う。

ある日も事故があり、お客さんから「どうしても二週間で修理をしてほしい」と依頼され、いつものように、指定工場に相談を持ち込んだ。

この時の担当者がNさんで、直接工場に出向いて、社長さんと交渉した。

「ああ、わかった。やっとくよ」

いつものように、社長さんは二つ返事で引き受けてくれた。

この時、Nさんはふと思った。

（奥さんがいないなあ……）

社長さんは奥さんと二人暮らしで、子どもはいない。自宅兼用のような事務所には、いつも奥さんがいた。だが、その奥さんの姿がどこにもないのだ。

「奥様、今日はお留守なんですか」

思わずそう尋ねた。すると、

「あっ、いや、その、ちょっとね、今、実家に帰ってるんだよ」

と言う。

「お具合でも悪いんですか」

「ま、そういうんじゃないけど、そのうちすぐ戻ってくるから、心配いらないよ」

いつも温厚な社長さんが、ちょっと苛立（いらだ）った口調になった。

「そうですか。じゃあ私、次の案件がありますので、これで失礼します」と、Nさんは事務所を出て、自分の車に乗り込もうとした。すると、たった一人の作業員が駆け寄って来て、ちょっと、と合図をしてきた。サイドガラスを開けると、「あのう、ここだけの話なんですけど」と耳打ちをしてきた。

「なに？」

「ここの奥さんですけどね、家出しちゃったんです」

「ええっ！　なんで？」

「あのう、このことはどこにも話してもらいたくないんですけど、なんか、離婚になるかもしれないって。うちの社長、ああ見えてもカッとなると手がつけられなくって。奥さんにも相当DVやってたみたいでしてね。奥さん、たまりかねて出て行っちゃったんですよ。僕も、奥さんがいたからやっていけてたんですけど、奥さんがいないと。社長と二人というのは辛くて。僕もここ、辞めようと思っているんです」

唐突にそんなことを言われて驚いたが、この人たちの整備の力は確かなので、その話と今回の依頼は別の話だと言って、Nさんは次の打ち合わせ場所へ移動した。

二週間して、あの工場に依頼していた件で、お客さんから問い合わせがあった。

「まだか」という催促だった。

そういえば、今日が約束の期限だ。

そこで、工場にファックスを入れてみた。

ところが、繋がらない。ずっと通話中の表示音がしている。何度かけ直しても同じである。

「おかしいな。いつもはすぐ繋がるんだけどなあ」

一定時間繋がらなければ、しばらくしてまた、ダイヤルを押して呼び出す。オンフックの状態にして、何度も何度もそれを繰り返した。

すると、近くにいた同僚が「ちょっと、これ、妙な音、してません？」と言ってきた。

「妙な音？」

「ほら、電話の向こうで、人の声、聞こえてますよ」

「え？」

よく聞いてみると、通話中の表示音に交じって、人の声が聞こえている。

〈……んて。……んて。……らんて〉

「ほんとだ。なんか言ってる」

「でもこれ、ファックスでしょ？　なんで人の声がするんですか？」

〈…らんて。…らんて。…らんて〉

周りのスタッフが集まって来た。

「ほんとだ。なんだろ、これ」

みんなが、その声を聴いて首をひねっている。その時だ。

〈おらんて!!〉

大きな声がオフィスに響いた!

驚いてファックスの呼び出しを停止した。今度は社長さんあてに直接電話を試みた。やはり繋がらない。ちょうど車で移動中のAさんというスタッフが、工場の近くを走っているというので、連絡を取って工場に行ってもらった。

しばらくして、Aさんからこんな報告がもたらされた。

「工場のドアを開けた瞬間、目の前に首を吊った社長さんがいました。今、警察に通報したところです」

「まさか、あの社長が……」

後日、第一発見者のAさんの元に、警察から連絡があった。

奥さんに遺体の引き取りをお願いしたいが、連絡が取れない。Aさんから奥さんへ連絡してもらえないか、というものだった。

この時、警察官とこんなやりとりをしたという。

「ご遺体は、そのままなんですか？」

「いやいや、そのままにはしておけないよ。何せ、貴方が発見したのは、死後一週間たっていたんだから」

「死後一週間？」

しかし、Aさんが工場に駆け付けたのは、あのファックスの声が聞こえた直後だった。

Nさんは言う。

「じゃあ、同僚たちと聞いたあの声は、一体、誰のものだったのでしょう」

メガネ

Y子さんという看護師がいる。

大学病院に勤務していて、〝鉄の女〟と呼ばれているらしい。

最近、師長に昇進した。とにかく真面目で、仕事に関してはブレることがない。その一方で怒ったところを誰も見たことがない。いつも温和な女性であると評判だ。

未婚で、母と二人暮らしをしている。

ある日、Y子さんが仕事から帰ると、「ちょっとお願いがあるんだけど」と母に言われた。

「あら、珍しいわね。お母さんがお願いだなんて」

「今でなくてもいいんだけどね。今度、メガネ屋さんに連れてってほしいのよ」

「メガネ？　でも今してるメガネ、この前買い替えたとこじゃん。それに気に入ってるって言ってたよね。だから前掛けてたメガネ、もういらないって、捨てちゃったじゃない」

「うん。メガネ自体はすごくいいと思うんだけどね。でもやっぱり買い替えようかと思って、ちょっとメガネ屋さんに行きたいのよ。今でなくていいから」

いつも行っているメガネ屋さんは、車で行かなければならない。免許を持たない母は、Y子さんに車を出してくれと言っているのである。

「ああ、わかった。でも、今ちょっと仕事が立て込んでるんで、いつ行けるかわかんないよ。まあ、そのうち連れてってあげるよ」

そう返事をした。度でも合わないのかなと思ったが、なかなか暇が取れない。

そのうち、母の様子がおかしくなってきた。

なんだか落ち着きがなく、そわそわしていて、些細（ささい）なことでも大声を上げて反応する。Y子さんの母も、いつも温和で怒ったことのない人なのであるが……。

「お母さん。どうしたの。最近なんかおかしいよ」

そう言うと、母は黙り込む。

しかし、日がたつにつれてやはり母の行動がおかしくなっていく。なんだかすべてにイライラしているように見える。

「ねえ、いつものお母さんじゃないみたいなんだけど」

するとまた、黙り込む。

「何か悩みがあるなら言ってよ。今までなんでも二人でやってきたじゃない。だから言ってよ。ねえ」

するとと母は、意を決したようにこんなことを言ったという。

「ヘンなものを見るのよ」

「ヘンなもの？」

「例えばね。近所にスーパーあるでしょ。あそこに生首が飛んでるのよ。すぐそこに踏切があるでしょ。あそこにはいつも男の人が立ってるの。それが毎回同じ人。同じ格好で毎日よ。でも、そんなことあるわけないでしょ。私、今までそんなもの見たことないもの。このメガネをするようになってからなの。そんなものが見えるようになったのは。だからメガネ屋さんに連れて行ってほしいのよ」

ははーんとY子さんは思った。

これは、レビー小体型認知症だと。

この症状にかかると、人に見えていないモノが見えることがある。いわゆる幻視を訴えるわけだ。

Y子さんはさっそく、知り合いの専門医に連絡をして予約を入れてもらった。

母は、医者にかかることを渋ったが、そこをなんとか説得して、診てもらった。

診断の結果は、異常なし、ということであった。

レビー小体は縮小しているわけではない。血流の異常もない。きわめて健康であるというのだ。

とりあえずは安心した。しかし、そうなるとお母さんは何を見ていたんだろうと思う。

病院から駐車場に向かって歩いていると、母が急に怒りだした。

「Y子。私の言うこと信じてなかったのね。お母さん、あれほど言ったのに。メガネ、メガネなのよ。このメガネをするようになってからヘンなもの見るようになったのよ。私じゃなくて、メガネなのよ。それともなに？ 私がボケたとでもいうの？」

「お母さん、ゴメン。そんなつもりはなかったの。でも万が一ということもあるし。ほんとに他意はなかったんだから。ゴメンね」

そう謝ったが、母は真っ赤な顔をして興奮状態にある。

と、母の表情がいきなり固まった。

ある一点を凝視している。

母の目の前にいるのはY子さん。だが、母はその背後を見つめて固まっているようだ。

「どうしたの、お母さん？」

「ほら、あれ！」

母は、固まったままそう言った。

後ろを振り向いた。

そこはなだらかな坂道。誰もいないし、何もない。

しかし母は、「またあそこに、変なものが見える」と言うのだ。

ただ、カサカサ、ゴロゴロ、カサカサ、ゴロゴロと妙な音が近づいて来るのが、聞こえるような気がする。

「なんなの？　妙な音がするけど」

「私、もう耐えられない。あんたもこのメガネ、掛ければわかるんだから」

そう言って、いきなりメガネを外した母は、Y子さんの顔に掛けた。

遠近両用のメガネ。このメガネはまったく合わないし、何も見えない。頭もクラクラする。

「こんなもの掛けても、何も見えないわよ」

すると、キーンという金属音のような音が耳に鳴りだして、ある一カ所に焦点が合った。

坂道を、カサカサと音をたてながら何かが転がっている。

一見、スーパーでもらうような白いレジ袋。

だが、その袋の中から、黒い髪の毛と顔が覗いていた。つまり、袋の中に生首が入っていて、それがゴロゴロと坂道を転がり下りてきているのだ。

チャ！

Y子さんはそのメガネを地面に叩きつけると、そのまま母の手を引いて、車に向かった。

メガネがないと、母は何も見えない。そのままメガネ屋に寄って、新しいメガネを買ったのである。

翌日、出勤してきてその駐車場に車を停めたが、あのメガネは無かった。割れた痕跡も、車が踏んだような形跡も無い。あんなもの拾われて、掛ける人がいたら大変だ。ひょっとしたら、誰かが拾って病院の受付に届けてくれているかもと、受付に行ってみたが、拾得物の届け出はありませんと言われた。

ちなみにあのメガネは、母が韓国旅行に行ったときに買って来たものだった。

病室

吉本(よしもと)新喜劇の座長をしていたKさんは、父と妹から、こんな話を聞かされたという。

ずいぶん昔の話だそうだが、父と妹で、ある人の見舞いに行ったときのことである。

ちょっとした事故が原因で、昨日入院したのだ。


その人の病室は二人部屋で、もう一つのベッドは空いていた。

父と妹、そして知り合いの患者さんと話をしていると、部屋のドアが開いた。

見知らぬ中年の男が顔を覗かせて、部屋の中をきょろきょろしている。

「誰？」

知り合いに聞くが、「さあ……」と首をひねる。

しかし、一応三人は、「どうも」と挨拶(あいさつ)をした。

すると男は、バタンとドアを閉めた。廊下を歩いて行く音がする。

「なんやったんやろ」

「部屋、間違いはったんかな」

そう言っていると、女性の悲鳴が聞こえた。

すぐに、看護師さんが入って来た。

「今ここ、男の人が覗いてたでしょう。あの人、一昨日亡くなったんですよ」

この部屋で亡くなったという。

自然に挨拶したほど、リアルな人だったという。

消せ

Sさんが大学へ通うために、東京での一人暮らしをはじめた。

ある夜のこと。夢を見た。

滋賀県の実家にいるおじいさんが現れて、しきりに「消せ、消せ」と言っている。

「おじいちゃん、どうしたん？　消せ、消せて、何を消せ言うてんの？」

と、言ったところで目が覚めた。

Sさんは一度寝ると、朝まで起きることがないのだ。それが、夜中に目が覚めた。

そしてリアルに、おじいさんの姿が脳裏に焼き付いている。

「なんか、消せ、消せ、言うてたな……」

同時に焦げ臭い臭いがしてきた。

「あっ、これや！」

目の前で、吸いかけのタバコの火が布団に燃え移っていたのだ。

慌てて、布団に水をかけて事なきを得た。あのまま寝ていたら、火事になるところだった。

二日後の夜、実家から電話があった。

「おじいちゃん、亡くなったよ」

「えっ、なんで？　元気やったやん」

すると「実はお前が心配するだろうから言わなかったんだけどね」とこんなことを知らされた。

二日前、家で火事があったという。それがおじいちゃんの寝ている離れ家からの出火。母屋は無事だったが、逃げ遅れたおじいちゃんは、大やけどを負い、入院していたがついさっき、亡くなったのだという。

いろいろと聞いて行くと、おじいさんの離れから出火した時間と、消せ、消せ、と夢枕に立った時間は、ほぼ同時刻だったそうである。

メッセージ

Iさんという元警察官がいる。今は警備の仕事をしている。

これは、最近あったことだと言う。

職場での休憩時間、同僚のGさんと談笑をしていると、「ちょっとこんなこと言うと、疑われちゃうんだけどね」と、こんな話をしだしたのだ。

「実は、N子ちゃんていう幼馴染（おさななじみ）の女性がいたんだけど、一昨日の午後十一時に亡くなったんだよ」

そのことはIさんも知っていた。その旦那（だんな）さんから連絡を受けている。

「でね、そのN子ちゃんとはあんまり会わなかったんだけど、ご主人とはLINEで繋（つな）がっててね、それでご主人とはやりとりしてたんだけど。ところが今朝、七時頃、N子ちゃんのスマホから、LINEがあったんだよ。それが、〈久しぶり、元気にしてる？　これからもよろしくね〉って。ほら、これ」

それを見せてもらって、Iさんは不快に思ったという。

「僕はね、LINEとかよくわからないんだけど、これは今まで疎遠にしてたけど、これからはご主人をよろしくね、というご主人の自作自演のメッセージだと思うんだけど、これ、どう返信するべきかなと思って」

Gさんは困ったように言った。

正義感の強いIさんは、自分のスマホからこんなメッセージを送った。

〈今、Gさんと一緒にいます。そしてメッセージを読ませてもらいました。しかし、こういう時期に奥さんのスマホを使って、こんな悪戯をするとは、いささか不謹慎ではないかと思います。Gさんも戸惑っておられます〉

しばらくして、ご主人から返信があった。

〈どんなメールですか？〉

ご主人が言うには、妻が亡くなった日にスマホは解約しているので、そんなことができるはずがない、ということであった。

空き家

Tさんの実家は岡山県である。

東京の大学に通うため東京に出て、実家に帰ることなく、そのまま東京で就職した。

それから何年かして、久しぶりに実家に帰った。

なんだか、故郷の風景がむしょうに懐かしい。

散歩に出てみた。

近所にある古びた木造平屋建ての空き家の前にさしかかったとき、フラッシュバックが起きた。

この空き家での思い出である。


小学一年の頃のことだ。

この家に一人のおばあさんが住んでいた。そのおばあちゃんの家に上がり込んでは、何かを話し込んだり、お菓子をもらったり、遊んだりした、そんな記憶。

懐かしいおばあちゃんの表情がリアルに甦(よみがえ)ってくる。

ああ、あのおばあちゃん。懐かしいなあ。しかしもう、あのおばあちゃんはいないのか。今は空き家になってるしな。しかし、おばあちゃん、いつ亡くなったんだろ。家の状態からして随分前に亡くなったんだっけ？

　家に帰ると、父に聞いてみた。

するとと父は「なに言うとるんや。あそこはずっと空き家やないか」と言う。

「いや、親父。俺の小学校一、二年の頃の話だよ」

「だから、あそこは父さんの子供の頃からずっと空き家やったって」

「違う違う。俺の小学校の頃、おばあちゃん、おったって。家に上がり込んで遊んだの、ちゃんと覚えているで」

「だから、そんな人、おらへんて。けど、お前の言うこと、わからんでもないな」

と父は言う。そして、そのばあさんは、こんな顔つき、風貌で、その部屋はこんなじゃなかったかと、遊んでいる情景を言い当てた。

「ほらほら、やっぱりそのおばあちゃん、おったやん」

「いや、実は父さんもな、お前と同じ経験をしたんや。いっぺんだけやが、あの空き家の前を通りかかった時、子供の頃のそんな思い出が走馬灯のように思い出されてな。

帰ってじいさんにお前と同じことを言うたんや。そしたらあの家は、ずっと空き家で、そんなはずがないと言われてな……」

B君の顔

ある高校での話である。

放課後、吹奏楽部の練習が終わって、みんな帰り支度をはじめた。

練習場は校舎の二階にある。

部屋には入り口と出口、二つの扉がある。一つは廊下を通って階段に通じていて、その先に自転車置き場がある。もう一つは、らせん状の非常階段に通じている。

自転車で帰る生徒たちと、歩いて帰る生徒たちは、この二つの出入り口を別々に使っていたが、先生からは「この非常階段は、普段は使わないように」と注意されていた。

とは言っても、歩いて校門を出るのは、非常階段が近道なのだ。

そこで、みんなでぞろぞろと下りると、先生に見つかる、ということで、一人が下りると様子を窺(うかが)って合図を送る。すると、もう一人が下りる。今度はこの生徒が様子を窺って、合図を送る。次の生徒が下りる……。

この繰り返しで、歩き組の全員が下りるのである。

この時、非常階段を下りたのは、F君たち四人。

四人が下りきると、

「おおい」

という声が上からした。

ふと四人は、非常階段の上を見た。

自転車組のB君がいて、フェンスから顔を出して、ニタニタしながらこっちを見下ろしている。

「おい、お前、どうしたんだよ。そんなところにいたら、先生に見つかっちゃうだろ」

「なにしてんだよ。下りて来いよ」

「いいから早く下りて来いよ」

四人は口々にそうB君を促したが、下りて来ようともせず、相変わらずニタニタと笑っている。

「早く来いよ。先生が来ちゃうよ」

そうF君が言った途端、B君の顔がぐらり、と動くと、そのまま下にぽぉーんと落ちた。

「うわー!」

四人は悲鳴をあげながら走りだすと、自転車に乗ったB君と鉢合わせした。

「どうしたんだ、お前ら」

「えっ、お前、なんでここにいるの?」

四人ともが、B君の首が落ちて来たのを見ていたが、今考えると、頭だけがフェンスの上に乗っていたようだったという。

また潰れた

小学校の先生をしているKさんの話である。

バブル経済が弾けて、しばらくしたころ。

彼はその時、中学生。

おじが運転する車の助手席に乗っていた。

車が赤信号で停まると、ふっと右手を見て「あっ、またあそこ、潰れとんな」とおじが呟いた。

「えっ、なに？」

おじの目の先に、潰れたラーメン屋があった。

「あそこな、もともとスナックやったんや」と、おじがこんな話をしたのだという。

そのスナックは、小さい店だったが、いつも常連客で賑わっていた。おじもその客の一人だったらしい。

　ところがいつの頃からか、カウンターの一番奥の席に客が座らなくなった。

　そういえば、あの席にはいつもAさんという初老の男性が座っていた。その彼が亡くなったことは聞いている。だからみんなはAさんを弔って、あの席を空けているのかな、とおじは思っていたのだ。

　それからしばらくして、仕事が忙しくなってスナック通いが遠のいた。

　何カ月かして、久しぶりにそのスナックへ行ってみると、常連客で賑わっていたお店に、お客がいない。また、なんだか雰囲気も暗くなっている。

「マスター、どうしたんやこれ」

「いやもう、お客さん来なくなっちゃいましてね。もう、店畳もうかと思っているんですよ」と言う。

　原因は、と聞くと「Aさんのこと、知ってるでしょ」とマスターが聞いて来るので、おじは、「Aさん？　ああ、よくあの奥の席で飲んでた人やろ。亡くなったとか聞いてるけど」

「そのAさんですけどね」

　Aさんは、会社を経営していた人で、羽振りもよかったという。しかし、ある時から「すまんけど、ちょっと今、持ち合わせがないから付けといて」と言うようになった。

そして、そういうことが重なってきて、かなりの金額に膨らんでいった。

半年ほどした頃、Aさんは、パッタリお店に来なくなったのだ。

Aさんのことをよく知っているというお客さんから、Aさんの家の住所を聞きだした。翌日にさっそくその家に付けの催促に行ってみた。しかし、チャイムを鳴らし、ドアをノックし、Aさんの名前を叫んでも、何の反応もない。

ただ、ドアノブに手を掛けると、ドアが開いたのだ。

中を見てみると、首を吊っているAさんの姿があった……。

マスターが、亡くなったAさんの第一発見者だったのだ。

後に、バブルが弾けた途端、Aさんの会社は経営難に陥り、借金苦によるものだと聞かされたという。

Aさんの遺体を発見した、その数時間後のこと。

店の準備をしていると、カウンターの奥の席にAさんが座っていた。驚いたマスターは、カウンターに入ってAさんに語りかけた。

「Aさん。あんた、死んだんちがうんか？」

するとAさんは、寂しそうに笑うと、フッと消えた。

それ以後、ちょくちょくと、Aさんの姿を見るようになったというのだ。マスターだけではない。「ねえ、あそこにAさん、座ってるよね。首吊ったって聞いたんだけど、あれって幽霊？」「気のせいかな、さっきあの席に、Aさんが座ってんの、見たような気がするんだけど」と言うお客さんも増えてきた。

見えなくても、奥の席に座った途端、悪寒に襲われ鳥肌がたった、というお客さんもいた。

だから、あの席には誰も座らなくなったのである。

あるお客さんに勧められて、お祓いをしてもらったこともあったそうだ。

すると、その席にAさんが座ることはなくなった。

やれやれ、これでお客さんも戻ってきてくれる……そう思った矢先、店のトイレから悲鳴があがった。

思い出ノート

Nさんという女性は、「父はアウトドアが好きな人でしてね。大学生の夏休みを利用して、男ばかりのサイクリングメンバーで、マウンテンバイクに乗って日本一周をしたことがあるって言っていました。その時に、こんなことがあったと、話してくれたことがあって……」

大阪を出て、長野県のある田舎に着いた。

テントを背負った旅だが、二、三日に一度はホテルか旅館に泊まらないと体がもたない。

二日間、テントで寝たのでホテルを探そうということになった。

電話ボックスを見つけると、タウンページを開き、電話をかけまくる。しかしこの時は「すみません。ご予約がないとちょっと」とか「空室はございません」と、断られつづけた。

十数軒目に、あるペンションにかけてみた。

「四名様？　ちょうどよいお部屋がございますよ。お待ちしています」と言う。

さっそく予約を入れて、そのペンションに向かった。

木造二階建てのおしゃれなペンション。男の人二人で経営しているようだが、兄弟ではないらしい。

一階は、食堂とリビングルーム。二階に、比較的大きな宿泊部屋が四つほどある。

「お客さん。なんでしたら、お食事の後で、宿泊されている皆さん集まって、歌を歌ったりお酒を飲んで語らったりするのがうちの風習です。よろしかったら参加してください」と、二〇一のカギを渡された。

部屋に入ると、奥の窓際にベッドが一つ。真ん中と入り口近くに一つずつ。もう一つのベッドは横の壁際に備えられていた。

「俺、疲れてるから、奥のベッドもらうよ」と、A君という友人が言いながら、窓際のベッドに横になったかと思うと、もう寝息を立てている。

しばらくして「夕食の準備ができました。皆さん、下りてきてください」と、下から呼ぶ声がする。

「メシ、行こか」

「こいつ、どうする。気持ちよさそうに寝てるけど。起こすか？」

「いや、寝かせとこ。腹減ったら勝手に下りて来るやろ」

三人は、A君を寝かせたまま、食堂へ下りて行った。

食事も済ませ、他の部屋に泊まっているというお客さんたちと、お酒を飲んで語らって、仲良くなった。

「にしても、Aのやつ、まだ寝てるのか」

そう言いながら、ペンションに備え付けてある思い出ノートを、何気なく見ていた。


食事、おいしかった。空気もいいし最高!!

よい、思い出作りになりました。ありがとうございました。

また来るよ!! 楽しかった!!


という宿泊客の感想や思い出の記録が書いてある。

そのまま何気なく読んでいると、なんだこれ、というものがあった。


二〇一号室の窓際のベッドに寝てたけど、幽霊見た。

んん? 二〇一号室の窓際のベッドって、今、Aが寝てるベッドちがうのか?

パラパラッとページを適当にめくって、見てみた。

二〇一号室の窓際のベッド、男の幽霊が出る

二〇一号室の奥のベッド、あそこは寝るな

二〇一号室の窓際のベッド、幽霊いる。怖かった!!

そんな書き込みが多数ある。

「おい、これ読んでみろよ。Aが寝てるベッド、やばいってさ」

「ほんとだ。でも幽霊なんているのかな」

そんなことを言っていると、二階から悲鳴があがった。

ドアが開く音がして、バタバタと誰かが階段を下りてくる。

姿を現したのは、血相変えたA君だった。

「おいおい、あの部屋、ヤバイ」

「どうした?」

「寝てたんだよ。そしたら、暗闇の窓の外に男が立ってて。あそこ、二階だろ。しかもベランダなんてない。そしたらその男、スッと壁をすり抜けて俺が寝てるベッドの

上に立ったんだ!!」

ぶるぶると震えている。

「おい、これ読んでみろよ」

ノートを渡した。

その夜A君は、床で寝たのだそうだ。

田園風景

大阪市に住むA子さん。

神戸でデートをしようと、彼氏と二人、阪神梅田駅から三宮行の特急に乗った。

よく晴れた午後。

電車内は、スマホをいじっている人、眠っている人、おしゃべりをしている人。いろいろな人が乗り込んでいる。

A子さんは、彼氏と二人、つり革を持って、どこへ行きたい、何が食べたい、あそこに行かない？という会話をした。

阪神電車は高架線を走っているが、岩屋駅から地下に潜る。そのトンネルの中、春日野道駅を通過した。

「次、三宮やね」

A子さんが言った途端、窓の外に森林が現れた。

「え……」

続いて、日本でよく見かける田んぼと農家のある田園風景がひろがった。

「いやいや、これはおかしい、おかしいって」

A子さんたちは、他の乗客はこれをどう思っているのだろうと、車内を見回した。

相変わらず、スマホをいじっている人、寝ている人などがいて、誰一人、外を見ていないのだ。

「なんで、みんな気がつけへんのやろ」

そう言っていると、「神戸三宮、三宮」という場内アナウンスが流れた。

電車は三宮駅のプラットホームに滑り込んでいる。

とりあえず、降りた。

「今の、なんやったんやろ」

とホームの時計を見た。

「はあ?」

大阪梅田駅から神戸三宮駅まで、特急で約四十分。

ところが、大阪を出て、五分しかたっていなかったのだ。

「でも何より怖かったのは、みんなそれに気づかず、普通に電車に乗っていた事でした」とA子さんは言う。

呼ぶ声

S子さんの家は、母親との二世帯住宅である。

その母も、随分ボケが来ていて、介護が必要だと思うようになった。

そして、何かあると「S子、S子」と大声で名前を呼ばれる。

隣には、お姉さんが住んでいて、よく母の面倒を見てくれているが、症状も悪くなる一方だし、施設に預けたら？　という話になった。

介護施設に連絡してみると、「ちょうど空きがあるので、すぐにでも入居できますよ」と言ってくれた。さっそく入居の手続きをした。

姉には、事後承諾ということになってしまったが、その二日後にそのことを報告した。

「じゃあ、昨日の朝も、S子、S子って、あんたの名前を叫んでたけど、もうそれも聞けなくなるんだね」と姉は言う。

「ちょっと待って。昨日の朝って言った」

「うん、そうだけど」

母を施設に入居させたのは一昨日の夜だった。

「昨日の朝だったら、もうお母さん、いないはずだよ」

「でも、聞こえてたよ。いつものお母さんの声だよ」

「いつ？」

聞くと、その時間はS子さんが娘さんを駅まで迎えに行っていて、留守をしていた二時間の間だったのだ。

赤いワンピース

Sさんは若いころ、サッカー・クラブに入っていて、体力づくりのための真夜中のジョギングを欠かさなかった。

なぜ真夜中なのかと言うと、当時それがなんとなくカッコいいと思っていたそうだ。

市内のM公園の周辺を、夜中の一時から二時までの間、一時間走る。

一直線の道を走っていると、遠くからすごくスタイルのいい女性が、こちらに向かって歩いて来るのが見えた。それが、道に沿って備えつけられている外灯の光で見え隠れしている。

真っ赤な服。しかも、ボディにフィットしたワンピース。

その女性のスタイルの良さを強調している。

赤いハイヒールも履いていて、ヒールの音も聞こえてくる。

綺麗(きれい)な人だな。

気になりながら走り続ける。

ところが頭のどこかで、いや、これはおかしい、なんかおかしい、と思うようになった。

そしてその感覚が、ここから逃げろ、という危険信号になっていった。

なんでだろ？

近づいて来た彼女を見て、あっ、と思った。

真っ赤なのは服装とハイヒールだけでなく、頭の先からつま先までが真っ赤な女だったのである。

猛ダッシュで逃げたそうだ。

携帯電話

ある大学病院で看護師をしている男性、Mさんが患者さんから「説明できないことってあるんですよね」と、こんな話を聞かされたそうだ。

その患者はFさんという。

ある日、携帯電話に着信があった。

知らない番号だったのでスルーした。

ところが、翌日もその番号から着信があった。

同じ番号。そしてまったく同じ時間だった。

気にはなったが、またスルーした。

その翌日もかかってきた。やはり同じ時間。分まで正確だったので、一体誰だろうと、気になりだした。

相手は、携帯電話ではなく、京都市の市街番号から始まっている。

その番号に、電話をしてみた。

するとそこは、病院だったのだ。

「この番号で、着信が何度かあったんですけど」とFさんが言うと、受けた女性が、「少々お待ちください。こちらで調べて、折り返しお電話いたします」と言う。

しばらくして電話があった。

「まことに申し訳ありません。すべてのスタッフに確認してみましたが、そちら様にお電話した者はいませんでした。それに、そのような記録もございません」と言われた。

数日後、Fさんは京都市内で交通事故に遭った。そしてある病院へ搬送された。

その病院が、かかってきた電話番号だったのだ。そして、あの時刻は、事故に遭った時間とピタリ一致していた。

「看護師さん。俺ってこの病院に呼ばれたんかなあ。それとも、なにかの警告やったんかなあ」とFさんに言われたのだそうだ。

セミしぐれ

Sさんは高校二年の夏休みに、お弁当の宅配のアルバイトをしていたという。

お客さんの多くは、お年寄りで、料金は月額制となっている。したがって、Sさんは決まった日に、決まったお客さんの家に、お弁当を配達するのである。

ある一軒の家があった。

何度もお弁当を届けた家だ。その家の周辺は、セミしぐれが凄(すご)かったことを覚えている。

玄関の引き戸を開けると、襖(ふすま)はいつも開けっ放しで、その奥の部屋も丸見え。そこには敷きっぱなしの布団があった。すると、おばあさんがどこからともなくやってきて、お弁当を受け取ると「暑い中、ご苦労さんだねえ」と笑顔で言ってくれる。

ある日などは「私の孫も、あんたくらいでねえ」と声をかけられ、少し世間話をした。その時、夏ミカンをもらったことを覚えている。

ある日もいつものように、玄関の引き戸を開けて、挨拶をした。

ところが、おばあさんが出てこない。

奥の部屋をと見ると、敷きっぱなしの布団が盛り上がっている。

寝てるのかな、と思ってふっと見ると玄関口に、先日配ったお弁当が、手付かずのまま置いてあった。

いやな予感がした。

置いてある弁当の日付を確認した。間違いない、先日配ったお弁当だ。

あの奥の間の布団の中に、本当におばあさんが寝ているのだろうか。

気にはなるが、人の家に勝手に上がり込むことは出来ない。

店長に電話をして、状況を説明した。

「わかった。僕からご家族の方に連絡してみるから、S君、悪いけど次の配達に行ってくれないかな」

そう店長に言われたので、その後の業務をこなして、店に帰った。

すると店長は「例の家だけど、悪いけど、契約は解消してくれと言われた」と言う。

この時、はじめてSさんは詳しい契約の内容を聞かされた。

水曜日と金曜日の午後十二時までに、家の玄関に置いておくこと。

そういうものだった。

「あの家には、おばあさんがいて、僕、その人に手渡ししていましたよ」

「はっ？　おじいさんの間違いやろ」

確かに、契約者は男性の名前だった。そしてそのおじいさんが、亡くなっていたのである。

「だったら、あのおばあさんは、ヘルパーさんかお手伝いさんだったんですかね。僕、おばあちゃんと世間話をして、夏ミカンももらいましたよ」

「そういえば君、電話で、おばあさんがどうのって言ってたよな。ちょっと家族に問い合わせてみる」

すると、その家はヘルパーもお手伝いも雇っていないし、そんな人はいないという返事をもらったという。

「じゃ、あれは、誰だったんですか？」

その時にはじめて、ゾッとした。

ただ、今思えば、いつもはセミしぐれがうるさかったのが、最後の日だけはあたりはまったく静かで、家の中もしーんと静まり返っていたことが、不思議だったという。

私も見た

『怪談狩り　あの子はだあれ』に「雷様」という話を掲載した。

それを読んだというY子さんが「私もおなじようなものを見たんです」という。

三年前の夏休みのことだという。

子供を連れて、大阪市内の展覧会に行った。

私鉄電車に乗って、大阪の淀屋橋を目指す。ここで乗り換えて梅田に出るのだ。

途中、K駅とN駅の中間地点に、電車の車両工場を併設する大きな電車倉庫があり、その横を走る。巨大な敷地となっていて、電車基地とも呼ばれるものだ。

通過するのに、一、二分ほどかかる。

Y子さんは、何気なく車窓から車両倉庫の風景を眺めていた。

すると、「あれ、なに？」と思うものを見た。

電車が並んでいる敷地の向こうに、建物が見える。おそらくは宿舎か何かだろう。

その屋上に、神主のような人物がいたのだ。

その男は、白い装束、紺色の袴を穿いていて、大幣のようなものを振っている。

なにしてるんだろう、と思ったが、すぐにおかしいと気づいた。

Y子さんが乗っているこの電車と、あの宿舎まではおそらく、二、三百メートルは離れている。それにしては、あの人物は普通の人間より大きいように思われる。

電車は走っているので、それはみるみる見えなくなった。

その途端、はよ帰らな、という直感が働いた。

子供に「ごめんやけど、次の駅で降りて、帰ることにしようね」と言った。子供は嫌がった。

約束通り展覧会へ行きたい、と言うことを聞かない。それもそうだ。なぜ、帰ろうとしたのかという原因が、Yさんにもわからない。

結局、大阪へ出て、展覧会に行った。

その帰りのことである。

その日は夏の晴天で雲一つなかったのに、途中でゲリラ豪雨があった。そのためだろうか、淀屋橋の駅は人であふれかえり、ざわざわしている。

どうやら、電車が止まっているらしい。

やがて駅にアナウンスが流れた。「大変、ご迷惑をおかけしています。現在K駅近くの車両倉庫の変電所に落雷があり、火災が発生しております。現在消火活動のため、電車の上下線の運転を見合わせております」という。復旧はいつになるのかわからないというアナウンスもあった。

電車は三時間後に復旧し、何とか家に帰ることができた。

その夜、高校時代の友人が、その電車倉庫に勤務していることを思い出して、メールをしてみた。

〈今日、変電所で火災があったみたいで、大変やったねえ〉

すると、すぐ返信が来た。

〈ほんま、大変やったよ。変電所近くに雷が落ちてさあ。写真見る？〉

写真が送られてきた。

たくさんの消防車が出動しての、消火作業中の何枚かの写真。ところがそこには、あの神主がいた施設が写っていた。

〈今日って、地鎮祭とかやってなかった？〉

〈やってない〉

〈雷が落ちたとこって、どこ？〉

また写真と地図も添付されてきた。

雷が落ちたのはその宿舎の屋上で、近くにあった変電所に燃え移ったという。

「『怪談狩り』で読んだあの話、私も見た、雷様はいるんやって、ちょっと感動しました」

とY子さんは言った。

亡くなった友人

Tさんと言う女性が、「本当に不思議な話で、私も何があったのか説明に困るんです」とこんな話をしてくれた。

十数年前のこと。

当時、彼女は同棲（どうせい）生活をしていたという。彼氏とは、創作文学のサークルで知り合った。

ある日、そんな創作サークル仲間のF君が亡くなったという連絡があった。

「自殺したようだ」と言う。

いい、いや、したようだ……？

亡くなったF君は、Kさん、Mさんと三人であるマンションでシェア生活をしていたのだ。そのマンションの屋上に、サークル仲間が集まって、まったりとした時間を過ごすことが、何にも代えがたいものだった。

ところがこのマンションの屋上には、フェンスがない。

F君は、その屋上の端っこにごろんと横になって、空を見ていたところまでは、仲間たちに目撃されていた。しかし、いつの間にか、そこにF君の姿はなく、転落死していたことがわかったのだ。

三十二歳。あまりに若い死。

自殺か、事故か。

警察もそのどちらも視野に入れて捜査に入った。だが、おそらく自殺だろうということになった。

しかし、F君が自殺する動機が分からない。

そういえば、少し前に彼女と別れたと聞いている。

「それしか考えられないよな」と、仲間たちは言う。

「でもさ、彼、デビュー決まってたんだぜ。評価もすごく良かったみたいだし」

F君は、小説家志望者だった。貧困と苦労に耐えて、何本もの小説を出版社に送り、新人賞にも投稿していた。そして、そのことがようやく実って、プロの小説家として、デビューする直前だったのだ。

「そんな彼が、自殺するかな」

そういう疑問もあった。

亡くなったF君の遺品整理をするというので、Tさんは彼氏と一緒に手伝いに行った。

F君のお姉さんという人が来ていたが、なんだか嫌な感じの人で、ちょっとした遺品をバッグに詰めると、早々に帰ってしまった。残りの整理と掃除は、F君の同居人であったKさんとMさんたちと四人で終えた。

「Fが亡くなった、屋上見てみる？」と誘われたが、なんだか不謹慎な気持ちがあって辞退した。

その頃から、F君の幽霊が出るという噂がたった。

彼は、あるスナックに通っていたらしい。だいぶ年上のママが経営しているが、そのママがお目当てだったという。仲間たちは、「一緒にスナックへ行かないか」と、何度も誘われていたらしいが、作家志望者の共通する、お金が無い、という理由で誰も行ったことが無かった。

ただ、同居人のKさんは、二、三度、F君に誘われてスナックで飲んだことがあった。

そのKさんに、ママから電話があったのだ。

「F君、来てるのよ。カウンターのすみっこに、肩ひじついて、座ってるの」

その話を聞いて、Kさんたち何人かのサークル仲間がそのスナックに行ったという。

いた。

飲んでいて、ふっとカウンターの端を見ると、肩ひじついて座っているF君がいる。ママは、それを見ると、ボトルキープしてあるウイスキーを出す。それをちびちびと飲んでいる。

「おい、F」

話しかけると「やあ」と返事をして、姿は消えたという。

その話はすぐにサークル仲間に知れわたり、翌日からは彼らもそのスナックに通うようになったのだ。そして、たまにだが、カウンターの隅っこにF君を見るという。

Tさんは、あれほどお金が無いからって行かなかったのに、やっぱり誘われたけど行かなかったという後ろめたさや、やっぱりF君に会いたいという気持ちが、そうさせるんだろうなと、思っていた。

Tさんと彼氏は、そのスナックへは一度も行かなかった。

どうもこの頃から、彼氏の様子がおかしくなっていたのだ。

Fを殺したのは俺だ、そういう強迫観念にとらわれているらしい。

だが、それはあり得ない。彼はF君が亡くなった当日、現場にはいなかったのだ。

まあ、友達が急に亡くなったんだから、ショックがあったんだろうな、とTさんは理解しようとした。

しかし、日に日に彼の被害妄想は酷くなっていく。

ある日、パソコンの前で、蒼白な顔をしてフリーズしている彼氏を見た。

「どうしたの？」と声をかけると、ハッと我に返り「来るな！」と怒鳴られた。

「なにがあったのよ」

近づいて、パソコンの画面を見ようとしたら、彼氏は電源コードを引っこ抜いて、強制終了させた。

「なにがあったの？」

彼氏は何も言わない。それどころか何かに怯えている。

「ねえ、どうしてそう思い悩むの。F君が亡くなったのはあなたのせいじゃないじゃない。なんでそこにこだわるの？　そりゃ、友達が亡くなったことはとても悲しいことだし、ショックなのはわかるよ。でもそれは、あなたのせいじゃないのよ」

そうTさんが宥めても、彼氏は真っ青な顔をして、ガタガタ震えている。そして、何も答えない。

その頃から、サークル仲間たちの間に、F君からメールが届いた、という話が広がっていた。それは、名前だけだったり、短いメッセージだったりしたらしい。

ひょっとしたら、彼氏のパソコンに、F君からのメールがあった。それを見て、彼氏は取り乱した。あくまでそれはTさんの想像だが、そうなると、サークル仲間の中で、何か怪異が連続しているということになる。

一体、何が起こっているのだろう。

もし、怪異が本当だとして、F君は何の未練を持って、何を仲間たちに伝えたいのだろう。

そんなことを考えると、Tさん自身も怖くて、引き籠(こも)ってしまいそうになった。

夜桜

亡くなったF君の同居人、Mさんから「花見に行かないか」と誘いがあった。

三月末のこと。確かまだ、桜は三分咲きだと聞いている。

でも、気分転換にいいか。

そう思って、Tさんは完全に引き籠り状態にいる彼氏を無理やり連れだして、Mさんと三人、暗い川辺の桜並木を歩いた。

桜はまだ二分か三分咲き。花見をしようという人などいない。

ある、桜の木の下を陣取った。

彼氏は相変わらず、ブルブル震えている。

Mさんは、ちょっと年上の人。紙パックの日本酒を取り出し「ストローで吸え」などと言ってくる。

彼氏とMさんが、何やらぼそぼそと話し出した。何気なくその会話を耳にして、わかったことがあった。

彼氏は、F君に随分と陰湿ないじめをしていたらしい。そしてそれが、Mさんの元に来た、F君からのメールに詳しく書いてあったという。そしてやっぱり、彼氏のところにもF君からメールがあったのだ。

そこに書いてあったことが、二人にしかわからないことらしく、声を低くしてそんな話をしている。

Tさんは、あまり私はそのことは知らない方がいいな、と桜を見ながら、日本酒をストローで吸っていた。

「なんだか、気分でないなあ。桜も三分咲きだしなあ」

Mさんが、アコースティック・ギターを取りだすと、何やら演奏を始めた。彼氏をと見ると、すこしおちついた表情を見せている。

そこに、自転車に乗ったお巡りさんがやって来た。

ブレーキ音をたてて、自転車が停まった。

「君たち、ここで何してんだ？」

「ああ、あのう、花見です」

「うん、まあ、このあたり民家もあることだし、あまり騒がないようにね」と言ったお巡りさんさんが、ふっと見上げてこう言ったのだ。

「ああ、ここの桜はよく咲いてるなあ」

えっ？

三人も、上を見上げる。そこには、七、八分咲きの桜があった。

実は、デビューが決まっていたF君のペンネームは、京都にある桜の名所から取られたものだったのだ。

「……彼、来てるね」

涙が出そうになった。見ているうちに、桜は九分咲き、満開となった。

それを三人と、お巡りさんも一緒になって確かに見たのだ。

帰る頃には、桜は散りだしていたという。

家出

今は修験者だというMさんは、「子供の頃は、かなりの不良でしてね」と、四十年ほど前を思い出して頭を掻いた。

「なんせ、中学の頃なんてね、他校の番長にメンチ切って、喧嘩を売られたらボコボコにしてやったり、まあ、無茶したもんです。ただ、あの頃の不良っていうのは、無茶はしていても素直で純粋なところもあったんです。あの頃、ご存じですかな、私は毎回見逃さずに見ていた、萩原健一さんが主演していた『前略おふくろ様』というテレビドラマがありまして。それを見て、えらく影響されたもんです。

ある日のことです。別に家に不満があるわけでもないのに、突然、家出しようと思い立ったんです。男が一人前になるには、一度は家を出るべきだ、そう思ったわけです。

それで、不良仲間のBとNに、そのことを言うたわけです。そしたら二人は『お前、ええこと言うなあ』『その通りやと俺も思うわ』と、えらい共感されましてね。

それで、三人で家出をしたんです。

思い立ったが吉日、とか言うて、まあ、アホな中学生三人。

なんの計画も無く、お金も持たずに、ノリだけで家出をしたわけです。

うちは、河内（かわち）の天美（あまみ）にありました。

自転車で出発して、夕方に岸和田（きしわだ）市、真夜中には兵庫県の宝塚（たからづか）市のあたりに着いたんです。

辺りは真っ暗でね。人気もまるで無い。お腹も減るし、泊まるところも無い。もちろんお金も無い。こら、どうしたもんかと思って自転車を漕（こ）いでいるうちに、市街地に入ったんです。

まあ、たまに人が通っている。

Bって奴はね、常日頃、女の子と見るとナンパばっかりやっている奴でしてね。で、Bにこう提案したわけです。

『お前、ナンパして来いや。女の子に声かけて、その家に泊めてもらおうや』って。

まあ、無茶苦茶な話ですけど、アホな中学生ですから、それくらいの知恵しかない。

それで、Bをおだてて、ナンパをやらせたんです。もちろん、こんな時間に、若い女の子が歩いているはずも無いし、たまに通りかかる女性に声をかけても、全然相手にしてくれません。

『もうちょっと、年上の女性に声かけてみ』

そう言って、何人目ですかね、話を聞いてくれた女性がいたんです。

二十代後半くらいの女性でした。

『三人で家出をしたんです。けど、お金が無い、泊まるところも無い。変なことは絶対にしませんから、寝られるだけでいい。家に泊めてもらえませんか』というような話をしたんです。

すると、女性は『泊まるだけでええの？　そんならええよ。三人？　ええよ。じゃあ、ついておいで』

なんと泊めてくれる、と言うんです。

『ラッキー！』って、三人は思わず口にして、自転車を降りると押しながら、女の人に付いて行ったわけです。

やがて、アパートに着きました。その一室に入れてもらったんです。その女性の独り暮らしの部屋。この女性が、優しい人でね。

『お腹空いてるやろ』って、おにぎりを作ってくれて、むさぼるように食べました。

そして疲れもあって、眠くなってきました。

『お姉ちゃん、ありがとうな。俺ら、寝るわ。布団はいらんから、枕になる物があったらそれだけ貸して』

そんなことを言いながら、眠りについたんです。

朝、誰かに肩を叩かれているような感覚がして、ふっと目が覚めたんです。

頭がぼおっとしている。

『ああ、お姉ちゃん、起こしてくれたんか』

すると目の前には知らないおばさんがいたんです。

物凄い形相で睨んでいました。

『あれ？　おばちゃん、誰？』

『誰やないわ！　あんたらこそ、ここで何しとるんや！』と、ものすごい勢いで怒鳴られたんです。ふっと横を見ると、仲間二人も今起きたところみたいで、ぼおっとしている。

と、ここは？

霊園の中だったんです。

『あんた、ここ、誰の墓やと思てんの！』

えっ、と思って見ると、枕だと思って頭をのせていたのが、墓石の台座でしてね。

そら、びっくりしましたよ。

『あんたら、どこの子や。何と思って、いったいどういうつもりで、こんなところで寝てんのや』

おばさんは、まだ僕らに怒ってる。

それで私は、そのおばさんに、昨日のことを説明したわけです。そして、こんな女性にお世話になったんだと。すると、話も終わらないのにおばさんは、『どんな人やった？』って聞いて来るわけです。

それで、その女の人のことを話した。年は二十代後半くらい、こんな女性で、こんな物腰で……。そしたらおばさん。

『ちょっとあんたら、こっち来なさい』と言われて、おばさんの後をついて行ったんです。

墓地を出て、墓地の入り口に置いてあった自転車を押して、これはおそらく、警察に連れていかれるな、と思ったんです。

でもね、そのままある家の中に案内されたんです。

どうも、このおばさんの家のようでした。

玄関のところで、もじもじしていると『ええから、上がりなさい』と促されて、そのまま和室に通されました。

『この女の人、覚えないか？』

仏壇に飾ってあった写真を見て、三人とも『あっ』と声を上げました。

その瞬間、鳥肌が立ちました。

それがね、服装も髪型もそしてその表情も、写真とまったく同じだったんです。

『昨日のお姉ちゃんや』

このおばさんは、あの娘さんの母親で、一年前に交通事故で亡くしたというんです。

そして、僕らが声を掛けた場所が、その事故現場だったらしい。

そして、おばさんは涙ながらに言うわけです。

『昨日がちょうど、あの子の一周忌なのよ』って」

これを機に、三人は不良を辞めたのだという。

そして、Mさんは修験道の道に入った。

「自身を鍛えるために、修行を続けます」と言って、Mさんは話を終えた。

サヤマさんが来る

A子さん、B子さん、C子さんという女子大生がいる。

三人は、同じ大学に通い仲も良く、しょっちゅう共に過ごした。ただ、A子さんとB子さんには彼氏がいるが、C子さんにはいない。

「いいよね。A子もB子も彼氏がいて。うらやましいな」

「だったら、C子も彼氏つくればいいじゃない」

だけど、C子さんは内に籠るタイプで、化粧っけもなく、着ている服もなんだか地味で、女の子らしくない。

「C子さあ。もうちょっとお化粧でもして、女の子らしいお洋服着たら？」

とアドバイスをするが、

「どうせ私なんて」

と、しり込みをする。

「そんなんだから、彼氏、できないんだよ」

ある日二人は、C子さんを合コンに誘った。

「どうせ私なんか、行っても誰も相手にしてくれない」

C子さんはそう言って、うつむいている。

「そんなことばっかり言ってるからダメなのよ。じゃ、今日は、私たちがコーディネートしてあげるから」

そう言って、お化粧品や着ていく洋服を選んであげて、メイクまでしてあげた。

「可愛くなったわよ、C子」

「ほんと。これなら大丈夫。女の子らしくなったじゃない」

「でも……」

「気に入らなかったらC子の方から帰ったらいいじゃん」

そうまで言われて、拒むこともできない。

C子さんは、生まれてはじめての合コンに参加した。

そして、彼氏ができたのだ。

サヤマさんという、三十歳のサラリーマン。

ヘビースモーカーである。

「サヤマさんが吸うタバコのにおいが、私、とっても好き」

そう言って、C子さんはサヤマさんに夢中になった。

「C子、よかったじゃん」

「おめでとう」

三人で祝杯をあげた。

それまで地味で、無頓着（むとんちゃく）だったC子さんの服装も、それからは、なんとなく明るくなって、お化粧もするようになった。それに、表情も活（い）き活きしてきた。

A子さんもB子さんも、そんなC子さんの変身ぶりを我がことのように喜んだ。

ところが、お付き合いをはじめて十日ほどして、サヤマさんは亡くなったのである。

交通事故だった。車での通勤途中、大型トラックに激突されて、即死だったという。

C子さんは、これまで以上に暗くなり、口数も少なくなってしまった。

三人とも、サヤマさんのお葬式に出たが、C子さんは放心状態。かと思うと、突然泣きだす。なぐさめようと声をかけても返事もしない。

翌日からは、大学へも来なくなった。

携帯に電話をしたり、メールを送ったりするが返事はない。

「C子、大丈夫かな」

「いっぺん、C子の家にお見舞いに行かない？」

そんなことを言っていたある日のこと。大学の構内で、C子さんを見かけたのだ。

「あれ、C子じゃない？」

「あ、ほんとだ」

「C子、C子！」

「あ、A子、B子！」

C子さんは手を振りながら駆け寄ってくる。なんだかその表情も明るい。

「どうしてたのよ、C子」

「ごめんごめん。実はね、サヤマさん、生きてたんだよ」

「え……、サヤマさんて、あのサヤマさん？」

「サヤマさんはサヤマさんよ」

「いやいや、ちょっと。彼、死んじゃったじゃん。お葬式行ったよね」

「だから、生きてたんだってば」

その顔が、なんだかキラキラ輝いているようにも見える。

「ちょっとちょっと。冷静になろうよ。サヤマさんは……」

「私、これからサヤマさんと会うって約束してるの。じゃあね」

そのまま行ってしまった。

「聞いた？」

「C子、ショックで頭、おかしくなっちゃったのかしら」

「でもさ、C子、なんだかオシャレだったし、表情も明るかったじゃん。きっとサヤマさんに似た彼氏でもできたんじゃない？」

「そうだといいんだけど」

ある日のこと。

A子さんとB子さんは、駅のターミナルビルで、C子さんを見かけた。

雑踏の中、ひとりぽつんと、誰かを待っているように立っている。

「あ、あそこにいるのC子じゃない？」

「そうだよ、C子だよ」

「C子、C子！」

駆け寄った。

「あっ、A子、B子、どうしたのよ」

C子さんは笑みを浮かべている。

「あんたこそ、何してんの」

「うん。待ち合わせしてるんだ」

「待ち合わせ？　誰と」

「サヤマさんよ」

「サヤマさん、て。あのサヤマさん？」

「ちょっとマジで言ってんの？」

「だからさあ、サヤマさん、生きてたんだってば」

「来るの、サヤマさん。ここに？」

「うん、もう来るはずなんだけど」

なんだか怖くなってきた。サヤマさんが生きていて、ここに来る？

「あっ、サヤマさーん。こっちこっち」

C子さんが手を振る先には、サヤマさんらしき姿は見えない。ただ、大勢の人たちが行きかうざわめきが聞こえているだけだ。

でも、C子さんはキラキラとした表情で、誰もいない空間に話しかけている。

「サヤマさん。覚えてるよね。合コンで一緒だった、A子とB子。え。もう行くの？ちょっと待ってよ。じゃあね」

C子さんは雑踏の中に消えた。その時、二人は奇妙なものを見た。

「ちょっと、B子、見た？」

「うん……やっぱり？」

C子さんが「ちょっと待ってよ」と言った時、その袖をくいっと引っ張られるのを見たのだ。そしてそのまま、C子さんは何者かに引っ張られるように雑踏の中に消えたのだ。

「でも、誰もいなかったよね」

「C子には見えてんだよ、サヤマさん」

「どういうこと？」

「だからさ、C子の前にいるんだよ。サヤマさん」

「ちょっとやだ。まだお昼よ。こんな時間に幽霊なんて出るわけないじゃん」

「でも、見たでしょ。C子の袖」

C子のことで話し合おう、ということになり、二人はその夜、A子さんの家で語らった。

「どう思う？」

「サヤマさんは、亡くなってる。これは事実よね」

「そうよね。お葬式に行って、お棺の中のサヤマさん、見たよね。ご遺族に挨拶もしたよね」

「でも、C子は、そのサヤマさんと会っているって」

「どういうこと？」

「やっぱりC子の前に、きっと出てるんだよ、サヤマさん。C子、魅入られてるんだよ」

「ちょっと、私、怖いよ」

その時、A子さんの携帯電話が鳴った。

C子さんからだ。

「あ、C子？」

(ちょっとあんたたち、今、サヤマさんの悪口言ってるでしょ)

「は？ 言ってない言ってない。ただ、C子のことが心配で」

(ウソ。サヤマさんの悪口言ってる。私、知ってるんだから)

「何言ってんのよ。私たちはただ……」

(じゃ、なんでサヤマさんのこと、話題にしてるのよ。悪口言ってるんだ。きっとそうだ)

「ちょっと聞いてよ。サヤマさん、亡くなってるよね。お葬式、行ったよね。あんた、いったい誰と会ってんの？」

(サヤマさん、生きてるってば。勝手に殺さないでよ。サヤマさん、怒ってるよ。勝手に殺されたって、あんたたちに怒ってるよ)

「C子、ちょっといいかげんにしてよ」

(知らないから。サヤマさん、怒ってそっちへ行ったよ。もう、着くんじゃないかしら、サヤマさん。怒ってるよ、知らないよ)

「ちょっとA子、なんだって？」

「サヤマさん、こっち来るって」

そのとたん、部屋の電気が消えた。

思わず二人は悲鳴をあげた。

(ほら、来た。サヤマさん、来た)

停電？

A子さんは一瞬そう思ったが、消えたのはこの部屋だけらしい。電気が消えたとはいえ、街の中のマンションなのでカーテン越しに、外の明かりがかすかに入り込んでいる。と、ベランダに、人影があった。

ゾッとしたものが、背中を走る。

「誰？」

それは男の影だった。横を向いて、タバコを吸っている。ふぅー、とタバコの煙がカーテンとカーテンの隙間を、漂っている。

「サヤマさん？」

(ほら、サヤマさん、来たでしょ。サヤマさん、来たでしょ。知らないよ。どうなっても知らないよ)

携帯電話からは、そんなC子さんの声が漏れている。

やっぱり、サヤマさんが、来たのだ。

男は、やがて吸い終わったのか、タバコを足元に落とすと、足でキュッと踏み消す動作をした。

（サヤマさんが怒ってる、サヤマさんが怒ってる）

横顔を見せていた男は、そのままこちらを向きだした。それに合わせて影がだんだん大きくなり、窓の外の明かりを塞ぎ、部屋の中が真っ暗になる。

「サヤマさん、許して！」

その時、バァンと大きな音が玄関からした。

「ただいまぁ。誰かおらんのか」

A子さんのお父さんだ。お父さんが帰って来たのだ。

「お父さん、助けて！」

思わず叫んだ。

部屋のドアが開いた。

「なんだお前たち。いたのか。電気も点けずにこんなとこで何してる」

「ちがうのお父さん。停電して……」

「停電？　そんなことあるもんか。現にスイッチ入れたら点いたじゃないか」

「お父さん、怖かったのよ。さっきね……」

「ベランダに男？」

お父さんは、サッとカーテンを開けると、ガラガラと窓を開け、ベランダに踏み入った。

「誰もいないぞ。うん？　タバコ吸ったのか？　タバコ臭いぞ」

A子さんとB子さんは、顔を見合わせた。怖かった、と互いに抱きついた。

携帯電話はもう切れていた。

「おいおい、何があったんだ？」

タバコの吸い殻を拾い上げて、お父さんが聞いてきた。

ことの次第を全部話したが、信じてくれたのかどうかはわからなかった。

奇妙な現象は、これっきり起こらなかった。

だが、翌日からまたC子さんは、大学に来なくなり、それから一ヵ月ほどして、C子さんから退学願が出されたらしい。そこからは、連絡もとれなくなって、今に至っているという。

A子さんは言った。

「あれから十年以上たちます。C子は今もサヤマさんと会っているのでしょうか。それともサヤマさんと一緒にいるのでしょうか」と。

モナリザ

デザイナーのHさんは「僕ね、子どもの頃、お風呂場でモナリザと会ったことがあるんです」と言う。

どういうことかと聞いてみた。

Hさんは当時、兵庫県A市の集合住宅に住んでいたという。

家には小さなお風呂場があり、その風呂おけも小学校の低学年だったHさんが体育座りをすると、ちょうどいいくらいのサイズだったらしい。

ある夜も、肩まで湯船に浸かって、ぼおっと前を見ていた。

すると目の前のタイルに、胸から上のモナリザが浮き上がってきたのである。

そして、モナリザと会話をしたというのだ。

「でもね」とHさんは言う。「それが不思議でしてね。そのモナリザが話す言葉は日本語じゃないんです。どこの言葉かはわかりませんでしたが、外国の言葉だというのはわかりました。それがね、僕も子どもでしたから、何とかコミュニケーションをとろうと話しかけたりして、なんとなく向こうの言ってることもわかって、向こうも僕の言っていることをわかってくれたみたいでね。何をしゃべったかは忘れましたけど。なにか、相談をした覚えはあります」

しかも一度だけではなく、モナリザは何度も風呂のタイルの壁に現れて、そのたびにHさんは会話をしていたのである。

しかし、なぜモナリザなのか？

Hさんが言うには、正確に言うとモナリザではないらしい。

当時小学生だった彼にとって、外国人の女性といえば、モナリザという名前しか知らず、勝手にそう名前を付けていただけだった。ただ、胸から上だけが浮かび上がったその印象は、まさにダ・ヴィンチのモナリザだったのだ。

「あれは白人の女性で、多分、ヨーロッパの人でしょう。当時はテレビで心霊特集なんてよくやっていたじゃないですか。みんなお化けや幽霊が怖い、なんて言っていましたが、僕はモナリザさんと話をしていたので、なんでみんな、そういうものを怖がるんだろうと不思議に思っていたんです。お化けが怖いなんて、お化けに失礼だろうって」

しかし、お化けとか幽霊を意識した途端、モナリザは現れなくなったそうだ。

ロッカールーム

Y江さんというOLが、以前百貨店に勤めていた頃、こんな経験をしたという。

ある時から、心臓がキリキリと痛むようになった。

最初は数秒のことで、なんとか耐えていたが、一度、仕事をしていて急に痛みだし、救急車で搬送されたこともあった。だが、病院に着いた頃には痛みは消え、医者にも「別に異常はありませんね」と言われた。

家で寝ていて、急に痛みだしたこともあったが、病院へ行くと、やはり医者には首をひねられた。

色々と調べてもらったものの、原因はわからずじまいだった。

そんなことが、頻繁に起こるようになった。

痛みは長くても一、二分ほどでピタリと治まる。だが、痛みに襲われるのは不定期で、このままでは仕事に支障をきたしお客様にも迷惑をかけるだろう。それに心臓ということになると、命に関わることかもしれない。

そう思うと怖くなって、病院で精密検査を受けて原因を突き止めようと、百貨店を辞職したのである。

ところが、百貨店を辞めるとすぐに体調はよくなった。心臓の痛みに襲われることもなくなった。

（やっぱり、仕事のストレスやったんかなあ）と思っていたある日のこと。

「ちょっと相談があるんやけど。会われへん？」と元同僚のM子さんから連絡があった。百貨店の近くの喫茶店で待ち合わせをした。

「Fさんて、怖いなあ」

喫茶店に入ってきて、Y江さんの向かいに座ったM子さんは、いきなりそんな言葉を吐いた。Fさんとは、二人の共通の上司であった三十代後半の男性の名である。

「いきなりなによ」

すると、M子さんは持ってきた紙袋から、クッキーの缶と大学ノートを取り出して、目の前のテーブルに置いた。

「これなに？」

「ちょっと見てみて」

そう言われて目の前のノートを広げてみた。

「……え、なにこれ」

同僚だった女子社員の名前がずらりとボールペンで書き並べてあった。そしてところどころに、許さん、呪、怨、死ね、などと書き込んである。よほど憎いのか、その筆圧でノートに穴が開いている名前もある。Y江さんの名前もあった。かなりの筆圧で書かれている。

「わっ、私、見てもた。なんなんこれ」

泣きそうになった。

「私の名前もここにあるんよ。だから、あんたに相談しようと思って」

「相談？　どういうこと？」

「あんたがうちを辞めた時、異臭騒ぎがあったやん」

「うんあった。あれ、原因わかったん？」

Y江さんが辞める一週間ほど前から、職場のロッカールームから強烈な異臭がするようになったのだ。それはドブ川のような臭いだった。

「違う。これは腐臭よ。肉の腐ったような臭い」と言う人もいた。ともかく異様な臭いで、それがロッカールーム全体を包み込んでいるような感じなのだ。

ロッカールームは男女分かれてはいるが、ロッカーで区切られているだけで同じ空間にある。そしてこの異臭がどこから来ているものなのかわからない。

「何とかしてください」と上層部に嘆願書も出したが、事態はまったく改善されなかった。異臭は日に日に酷くなる。そんな中、Y江さんは百貨店を辞めたのである。

「異臭の原因は、これやったわ」

M子さんは、クッキーの缶を指さした。開けるように促された。

「え！」

蓋(ふた)を開けて、Y江さんは固まった。

中には、粘土で作られた不細工な人形が数体入っていた。赤い糸がその体にぐるぐると巻き付けてあり、それぞれに名札が付いている。それもノートに強い筆圧で書いてあった女子社員の名前であった。Y江さんの名前の人形もあった。心臓部に細い針がいっぱい刺さっている。

心臓の痛みの原因はこれかと悟った。

他の人形も、腹部や頭、目などに大量の針が集中して刺さっている。

「一体、誰がこんなこと……」

「Fさんや」

「えっ、Fさん？」

F部長は、いつもニコニコ笑っている人当たりのいい人だった。力仕事を手伝ってくれたり、皆に差し入れもしてくれていた。女子社員に人気があり、頼られる上司だった。しかも、一流大学を出て、出世コースにいるエリートだった。

だが、体調を崩し気味とかで、いつしか職場に来なくなった。「どうしたんやろね」と女子社員で噂していた。

M子さんは言う。

「あんたがうちを辞めた、次の日やったかな。ロッカールームの異臭がますます酷くなって。みんな耐えられなくなってな。原因追及したんや。そしたらな、F部長のロッカーから異臭がしてるってわかった。でも、F部長はその日も休んでて、勝手にロッカーを開けるわけいかんやろ。そしたら、H部長が、俺が責任とるから開けろって。そしてこじ開けたら、中からこの缶とノートが出て来た」

「怖！」

その時、思い出したことがある。

ある催事の準備を売り場の女子社員で行っていると、F部長が「君ら、大変やろ」と言いながら、力仕事を率先してやってくれて、「これはこうすれば効率よくなる」とか「こうしたらこの商品目立つようになるよ」とか適切なアドバイスをしてくれた。

ところが、しばらくY江さんが作業に集中していると、背後から「チッ、チッ」と妙な音がする。何気なく振り返るとF部長が立っていて、作業する女子社員を蔑んだような目で眺め、しきりに舌打ちをしていたのである。見てはいけないものを見てしまったような気がして、このことは忘れようと思ったのだ。

こんなこともあった。

現場で、急に備品や小道具が必要になることがある。そんな時はF部長がメモ書きを渡して、それを女子社員が買いに行くことになっていた。Y江さんも何度か買いに行かされたが、なぜかそのメモに、粘土、待ち針、カッターナイフの刃といった、用途がわからないものが書かれていた。F部長が必要だというから買っていたが、「こんなん使う？」「なんかおかしいね」と女子社員同士、訝ったことが何度かあった。

「これって、そうか！」

しかし、いくら考えてもF部長からこんな扱いをされる覚えは微塵もない。

「ところがな。これを見つけて、Fさんのロッカーから出して開けた途端、異臭が消えたのよ。なんか居合わせたみんな、ゾーッとして。これ呪い人形やないって。おそらく丑の刻詣りとか、呪詛とかいうんやろ？」

「やろね。そうか、私の心臓の痛みが無くなったんはそういうことやったんやね」

「ほかにもあの頃、お腹が痛いとか、頭痛がする、目が痛いって言ってた子たちもいたやん」

「いた。今思うと、この人形の名前の子たちやん！」

「みんなあのロッカーを開けた瞬間から、痛みはなくなったって。呪いって、あるんやね」

「私もあそこ辞めてから、心臓の痛みは全くなくなった。怖いなあ。それで相談て？」

「あんたってさ、こういうこと詳しいやん。だからこういうのって、どう処分したらええのかなって。出来たらあんたに預かってもらおうかなって」

「いややわ」

Y江さんは確かに怪談好きで、そんな話を職場でよくしていたが、専門家でもなんでもない。

次長にも相談して、結局、近くの神社の宮司さんに来てもらって、お祓いをしていただき、缶とノートも神社で預かってもらったのである。

ところでF部長だが、ロッカーから缶とノートが見つかった日以来、連絡も取れなくなり、そのまま行方不明になったという。

Y江さんは思う。恐らく呪詛返しに遭うたんやわ。

元上司との会話

同じY江さんの話である。

百貨店を辞めて、しばらくアルバイトで食いつないだが、春になって新しい職場に通うこととなった。

新しい職場での飲み会があり、桜が満開だったのを覚えているという。

それでお店の近くの駅のタクシー乗り場に向かった。

駅は、百貨店のターミナル駅。そこは以前、Y江さんが勤めていた百貨店だったのだ。

タクシー乗り場は、バスのターミナルとほぼ同じ場所にあるが、そのバスのターミナルのベンチに、ぽつんと元上司が座っていた。

しかし、深夜の十二時。バスはもうない。

「K部長。お久しぶりです」

Y江さんは百貨店時代の元上司にそう声を掛けた。

「ああ、君か。元気でやってるか？」

そう返事をしたK部長だが、なんだか元気がないように思われる。彼はもう定年に近い年齢だったがいつも身だしなみに気をつけて、さっぱりした格好をしていた。それが今、目の前にいるK部長のスーツはヨレヨレで、無精ひげもはやしている。

（残業でもしてはったんかな？）

そう思いながら「こんな時間、どうされたんですか？」と訊いてみた。

「そやねんな……」

K部長はそれだけ言うと、そのまま押し黙り、ずっと目の前の道路を走る車を見つめている。やはり、なんだかおかしい。しかし、かまってもいられない。もう自分には関係のない人だ。はよタクシーに乗って帰ろ、そう思って歩きかけた。

すると、「もう俺な、辞めることになったんや」と、K部長がぽつりと言ったのが聞こえた。そうなると話を聞くしかない。

「そうなんですか。なにかあったんですか？」

もうすぐ定年なのに、なんで今、とも思う。

「あのなあ」と、K部長は少し声を荒らげた。

「あれは俺ちがうねん。俺、だまされたんや。あの二人や。あいつらが俺をだましよってん」

そう言って、K部長は次長と、別の部署の部長の名を言った。そしてぶつぶつと独り言を言いだした。どう返答していいか、わからない。多分、酔っぱらっているのだろう。

「もう私、あそこの人間やないし、そう言われてもわかりませんし……」

そうY江さんが言うと、K部長は、

「そやな。君に言うても仕方ないことやな。聞いてくれてありがとう。すまんかった。そろそろ帰るわ」と少しだけ、笑みを浮かべた。

「そうですか。じゃ、私もあそこでタクシー拾って帰ります」

「そうか、気をつけてな」

「ありがとうございます」

そう言って、別れた。

それから半年ほどした頃。

取引先のIさんと話していると「そういえば、昔、君の上司やったK部長、亡くなったん知ってる?」と尋ねられた。

Iさんは、元職場だった百貨店にも出入りしている。

「えっ、いつですか？」

寝耳に水だった。

「やっぱり知らんかったんか。自殺しはってん。ノイローゼやったらしい」

「ノイローゼ？　なんかあったんですか？」

「横領や。デパートの金。それも数億円。それがバレてな。責任追及されて、えらい糾弾されたみたいで。それでノイローゼになって自殺や」

「それ、いつのことですか？」

「葬式出たから、よお覚えてるわ。ちょうど一年ほど前のことや」

「一年？　いや……、そんなはずないですよ」

半年ほど前の夜中、百貨店の前のターミナルで会話をしたのを覚えている。桜が満開だったので、確かに半年前のことだ。

「そんなはずないって言われてもな。俺、葬式出たから覚えてるで。お盆に近い、暑い日やったわ」

自殺の状況は後で知った。

一年前の夏、横領の罪を被せられたK部長は、職場の前のバスターミナルから、夜中、突然道路に飛び出して、車に撥ねられて亡くなったのである。

名所の看板

随分と昔の話である。

Hさんが大学に通っていたころは、大学近くの学生寮に住んでいたという。

二階建ての古い木造アパートで、それぞれの階に、廊下を挟んで八部屋ずつあった。

Hさんは、二階に部屋を借りていた。

二年生の夏休み。Hさんは帰郷せずに寮で暮らしていたが、ある日、玄関から寮に入ると、一階の廊下に妙なものが立てかけてあった。

立看板だ。

「一寸待て、死んで花実が咲くものか」と書いてあり、ある神社の名前が記載してあった。

なんだか、ゾッとした。

きっと、寮の誰かが、自殺の名所にある立看板を無断で引き抜いて持って帰って来たと、直感したのだ。

その日から、寮全体の雰囲気がおかしくなった。

外は真夏の太陽の光が降り注いでいるというのに、建物の中はなんだかじめっと湿った感じがして、空気が重く感じる。真夜中になると、何者かが廊下や階段を歩く気配がする。見に行ってみても誰もいない。

一階に残っている学生たちは、口をそろえて、寝ていると誰かが枕元にいる気配がすると言いだした。下半身、上半身だけの影を見る、という者も出てきた。

ある日、外は晴天なのに、廊下になぜか水たまりができていたことがあった。

あの、立看板の下だった。

「みんな、あの看板のせいに違いない」と、一人が言いだした。

「あれには見覚えがある。確か、隣の県の自殺の名所に立てかけてあった」という者もいた。Hさんの直感は当たっていたようだ。

そこは、海に面した高さ数十メートルの大岩壁で、観光名所であるが、自殺の名所としても有名な場所であり、ひどく損傷した遺体がよく上がるのだという。だから、崖のところどころに自殺をとどまるように呼び掛ける立看板や公衆電話があるが、おそらくその立看板に間違いないというのだ。

犯人はすぐわかった。

一階に住むE先輩だった。

住人のみんなで、看板を返してくるように促した。

「わかったわかった。俺が持ち帰ったことは間違いない。明日、返してくるよ」と、

翌日その看板は返されたのだ。

今もその看板は、隣県の自殺の名所に立っているが、それはE先輩が一旦持ち帰ったものを、戻して立て直したものだという。

夏休みが終わって、大学の授業が始まったが、E先輩が来ていないという話を聞いた。そういえば、寮でも姿を見ていない。先輩の部屋のドアをノックしても返事がない。いつも近くの駐車場に停めてあったE先輩の車もない。

ある日、E先輩のご両親が寮に訪ねて来た。

「夏休み中、一度も実家に戻っていないうえに、連絡がまったく取れなくなった」と言う。

管理人から鍵を借りて、E先輩の部屋に入ったらしい。

やはり、E先輩はいなかった。

ただ、机の上に一冊の大学ノートが置かれていたという。

開いてみると、

「怖い、怖い、怖い、怖い、怖い、怖い、怖い、怖い、怖い、怖い、怖い、怖い、怖い……」と、全ページにわたってびっしりと書かれてあったのだ。

これはただごとではない。

寮に住む全学生が集まり、E先輩の友人が学友たちに連絡を取って、みんなで捜そうということになった。

Hさんは、車の免許を持っていたので、友人三人を乗せて、隣の県へと車を走らせた。

あの、大岩壁を目指したのだ。

現地に着いたのは真夜中だったが、駐車場で、ヘッドライトがある車を照らした。

「先輩の車や！」

Hさんたちは、車を降りて、くまなく崖の周辺を捜してみたが、E先輩の姿はどこにもなかった。

「帰ろう」と、みんなは一旦車に乗り込んだが、なんだか気が進まない。

「なんか俺、胸騒ぎがする」

友人の一人はそう言いだした。

「もう一度、捜してみよう」

また車を降りて、真っ暗な岩場を懐中電灯を照らしながら捜した。

「あっ！」

それを見た時、一瞬Hさんは、息が止まった。

崖の縁に、先輩の靴が揃えて置いてあったのだ。

一ヵ月後、E先輩の遺体が、崖の付近から上がったという。
上半身だけの姿だったそうだ。

自動改札

Hさんは、都内の地下鉄職員をしている。

十年ほど前のことだという。

Hさんが勤務している駅は、下車をして改札口を出る人よりホームを移動して別の線に乗り換える乗客の方が圧倒的に多い。したがって、窓口対応業務は比較的暇である。

夕刻の帰宅ピークの時間帯となっても、近くにある高校に通う学生のほかには、パラパラッと人が改札口を出ていくだけだ。

Hさんは窓口からぼーっと、無人の改札を眺めていた。

すると、

ピンポーン!

自動改札の警告音が鳴って、四つある自動改札の一番奥の扉が突然閉まったのだ。

手元の操作板を見た。

〈切符なし〉の警告表示が点滅している。

「いやいや、誰もいないし。勝手にセンサー反応しないでよ」

思わずそんな独り言をつぶやいた。

ほどなくして、自動リセット機能が働いて、自動改札は元に戻った。

夕食時の交代時間となった。別の駅員に替わってもらって、事務所で食事となった。

すると、

ピンポーン！

また、自動改札の警告音が聞こえた。

ふっと見ると、窓口にいる駅員が怪訝（けげん）な顔をしてこちらを見ている。

Hさんは、箸（はし）を置くと窓口に顔を出した。

「どうかした？」

「いや、誰も通らなかったんだけどねえ……」

見ると、奥から二番目の自動改札が、警告音を発して閉まっている。

「実はさっきも同じことがあったんだよね。機械の調子がおかしいんだろうか」

そう言いながら、Hさんはふっと思った。

さっきは、駅構内から外に出る時に反応する改札口が閉鎖した。

今は、外から駅構内へ入る時に反応する改札口の閉鎖。

これって、目に見えない何者かが、さっき駅を出て行って、今、戻って来たっていうことじゃないか？

しかし、その後は特に異常もなく、終電を見送った。

午前三時半。

目覚ましの音でHさんは目覚めた。

始発電車を迎えるための準備をする時間だ。Hさんは仮眠室を出て、事務室に向かった。

シャッターで締め切られ、非常灯がところどころ点いているだけの薄暗い構内を懐中電灯も持たずに歩く。事務所に着くと、まずは構内のすべての電気を点ける。エレベーターも起動し、構内は明るさを取り戻したが、無人の構内はやはり寂しい。

切符販売機のセッティングも終え、自動改札の準備も整えた。

あとは、シャッターを開ける。

シャッターは四カ所。そのすべてのシャッターを開けなければならない。

まずは、一番遠いシャッターへと向かう。

無人の構内に、靴音だけが響く。すると、
ピンポーン！

例の自動改札がまた警告音を発した。

（ああ、こりゃあ、ほんとに故障してるわ）

そう思いながら、そのまま奥のシャッターへ向かう。階段を上って、シャッターの開閉ボタンを押す。

ガシャン、と音をたてて、シャッターが上がっていく。すると、シャッターの前で待っている常連の中年男が待機していた。

「おはようさん」

「おはようございます」

いつもの簡単な挨拶を交わして、一緒に階段を下りかけた。すると、下から一人の女子高生が上がって来た。

「おはようございまーす」

かわいらしい挨拶をしてくれた。

「おはよう。今日は早いねえ」

挨拶を交わすと、女子高生はそのまま外へと出て行った。

Hさんが階段を下り切った時、一緒に歩いていた常連さんが、「ねえ」と声をかけてきた。

「なんですか?」

「他のシャッター、先に開けたの?」

その言葉にHさんはハッとした。

「いえ、ここが一番最初です」

「だよねえ。だからいつも私はあそこで待ってるんだから。じゃ、さっきの女の子。どこから来たの? まさか連れ込んだりしたんじゃないだろうね」

「まさか。そんなこと誰もしないですよ」

「だよねえ。じゃあ、あの娘、どこから来たんだろ?」

「ですよねえ……」

そんなやりとりをしながら、常連さんは改札へ、Hさんは残りのシャッターを開けに、無言で歩きだした。

事務所に戻ると、防犯カメラの映像を見直した。

例の階段。Hさんと常連さんが映っているが、他には誰もいない。やがて二人は階段を下りだして、誰もいない空間に向かって話しかけている。

背筋に、ヒヤッとしたものが走った。

始発電車が出て、やがて通勤通学ラッシュの時間帯となった。

その中に、喪服を着た人が何人かいて、例の出口の方へと向かう姿があった。

そこに、あの女の子と同じ年齢の学生を連れた親子の姿があった。

最寄りの学校で、何かがあったとその気配で悟ったが、Hさんはそのことを誰にも尋ねなかったのである。

そんなことは、地下鉄職員をしているとままあることなのだそうだ。

仮眠室

地下鉄職員のHさん。

その職場の仮眠室でこんなことがあったという。

ウトウトと仮眠をしていた。

すると、

「うふふっ」

「うふふっ」

女の笑い声がした。

なにか、たのしいことでもあったのかな?

ぼんやりとそんなことを考えた。しかし、すぐに我に返った。

うちの職場に女性はいない!

飛び起きた。

「うふ……」

一声あって、笑い声は止まったのだ。

またある時、昼食後に仮眠室で昼寝をしようとウトウトしかけた。

するとまた、

「うふふっ」

というあの女の声がした。目を開けるとすぐそこに女の顔がある。

そんな気がする。

「ねえ……」

今度はそう呼びかけられた。

目をつむったまま、無視を決め込んだ。すると、右手に痛みが走った。

細い棒のようなもので、ギーッと引っかかれた感触だった。

それでも無視していると、気配が消えた。

痛みの残る右腕を見ると、そこに蚯蚓腫れ(みみずば)があった。

海底の家族

海底に光回線などのケーブルを敷設する会社の管理職NさんとA技術職のAさんが「こんな不思議なことがあった」と言う。

数年前のこと。海底ケーブルを調査するためにビデオカメラをロボットに搭載して、海底へ降ろした。

ロボットは地上でリモート・コントロールされていて、ゆっくりとカメラを回転させる。その様子をモニターで確認していた。

かなり深い場所で明かりは無い。そこで照明を点灯させた。

「えっ!!」

「なんだ、これ!!」

その瞬間、思わず二人は声をあげた。

海の底にちゃぶ台があり、そこにおじいさんとおばあさんが座って、にこにことほほ笑んでいたのである。それが、いかにも幸せそうに食卓を囲んでいる、という風体で、カメラの方を見ているのだ。

「な、なんだよこれ」

Nさんが思わず大声をあげ、目を疑った。すると、Aさんはうつむいて、突然泣きだした。

「おいおい、どうした？」

「あれ、亡くなった、僕のおじいちゃんとおばあちゃんです」と、Aさんは声を震わせて言った。

「は？」

「実は僕のおじいちゃんとおばあちゃんは、東北の人間で、大震災が起きた時の津波に呑まれて……そのまま……なんで、あんなとこにいるんだ……」

ただ、すごく幸せそうな光景なのだ。

Nさんが、「あれ、お前に大丈夫だよって、言ってるんじゃないの？」と言うと「そうだと思います」とAさんはうなずいて、その後しばらく号泣した。

そのうち、モニターの中の二人は、すうーっと消えていった。

「僕、胸のつかえがずっと取れなかったんです。あの時、もっと早くに電話して、『じいちゃん、ばあちゃん逃げろ』と言っていたら助かったかもしれないって。でも、なんだかこれで救われたような気がしました」とAさんはポツリと言った。

ちなみに、海底にロボットを降ろした場所は、東北ではなく、伊豆(いず)半島沖だったそうだ。

廃墟

沖縄の石垣島（いしがきじま）に住むA美さんという主婦から投稿でいただいた話である。

何年か前の事。

島の北部へ夫と幼い息子を連れて、真夜中のドライブに出かけた。

息子は、助手席に座るA美さんに抱かれて気持ちよさそうに寝ている。

ハンドルを握っている夫とは、いろいろ会話がはずんだ。

やがてトンネルに入った。沖縄県最高峰の於茂登岳（おもとだけ）にある石垣島唯一のトンネルである。

トンネルを抜けると、島北部の海岸線に沿うように走る県道に突き当たる。その真っ暗な道を走っていると、「あっ、そう言えば、このあたりだったよ」と、夫がこんな話をしだしたのだ。

十年くらい前の事。

夕方、今走っている道をバイクで走っていた。すると、舗装されていない細い横道があったので、思わずその道に入ったのだという。木々の間を抜けるその道は、車一台がやっと通れるだけの道幅だったらしい。

いったいこれは、どこへ抜けるんだ？

そんなことをボンヤリ考えながら走っていると、突然、視界がひらけた。

そこは、だだっ広いサトウキビ畑だったのだ。

その真ん中に、一軒の建物がある。

その大きさは、やや小さめの学校の校舎といった感じだが、彼は「廃病院」と思ったという。もうあたりは暗くなりかけているが、まったく灯（あかり）がないのだ。

バイクを降りて、サトウキビ畑の中を歩いて、建物に近づいてみる。

すると、廃墟（はいきょ）と呼ぶにはあまりに新しく、綺麗（きれい）な建物であることがわかった。

「なんだろ、この建物……。中へ入れるのかな？」

入り口を探すが、見当たらない。

「入り口がない？」

奇妙な建物だな、と思った時に気づいた。

立派な建物なのに、周りに電柱もなく電線もない。ただ、その周りにはサトウキビがびっしりと生えているだけ。

「あ、ここ、入ったらいかん！」

そう感じて、あわててバイクに戻って、元来た道を引き返した。そして無事に家に帰ることができた。

後日、夫はあの建物が何だったのか、地図で調べたがそんなものはなかったという。

もう一度行ってみよう。

そう思って、今度は昼間に行ってみた。トンネルを抜けて、横道を探すが見つからない。地元の人に聞いてみたが「あんなところに、サトウキビ畑も建物もない」と、みんなが首を横に振った。

昔、病院とか学校とかがあったのではないかと調べたが、何もわからなかったという。

ある日、地元の友人たちと集まった時に、何気なくその建物の話をしてみたという。すると、一人の友人が「それ、聞いたことあるなあ。なんか雑誌に載ってた気がする」という。そして雑誌を見せてもらったのだ。

〈石垣島北部にある、幻の廃病院〉とある写真付きの小さな記事。

夫があの時見たものとほぼ同じものだった。

A美さんは、すっかりこの話を気に入ってしまったという。

何度もその話を夫から聞き、雑誌を見たいと、その友人に連絡も取ってもらったが、雑誌はとっくに処分してしまっていて、雑誌名も覚えていない、ということだった。

あれから何度か、トンネルを抜けた道路を車で走りながら、横道を探すが、今もって見つけることはできないでいるそうだ。

お手伝いします

奈良（なら）市でバーを経営しているYさんという女性の話である。

バーを経営する以前のことだ。

彼女には幼い息子がいた。シングルマザーである。

あるお祭りの日。子どもと出かけた、その帰りのこと。

子どもが、夜店で買った玩具（がんぐ）を道に落とした。玩具はころころと転がっていく。

子どもは思わずその玩具を追って、道路に出た。

「危ないよ！」

その瞬間、乗用車が現れたかと思うと、子どもを撥（は）ね飛ばした。

救急車で搬送中、彼は息を引き取ったのだ。

あまりに短い命。

加害者である運転手は酒気帯び運転だった。

もちろん、警察に逮捕されたが、当時の量刑は、七年以下の懲役、もしくは百万円以下の罰金。

Yさんとすれば、そんなもので許せるはずがない。

息子を返してほしい。

その思いが、この運転手を恨む気持ちとなり、呪ってやる、という感情に変わって行った。

そして、呪う、あいつを呪う。その為なら、何をしたらいいのか。法的な問題はあるのか。そんなことばかりを考えるようになった。

ある夜、仕事帰りの暗い道を歩いていた。

すると後ろから、大型の車がやって来る気配がして、はっと振り向くと、そこに真っ黒いバスのようなものが停車していた。窓も明かりも何もない、ただ、暗闇の道路に停まっている真っ黒のバスのような物体。

（なに、これ）

すると、その黒い物体から、一人のバスガイド姿の女性が姿を現した。そして言った。

「悔しいでしょう。その気持ち、お察しします。お手伝いしましょう」

Yさんは、なんのことか察知した。

こっくりと頷(うなず)くと、その女性に促され、ドアも何もないのに、ふっと中へと入った。

中は、まるでバスだったという。

薄暗い車内灯は点(つ)いていて、座席が並んでいる。

そこに、数人が着席していた。老人もいたし、若い人も一人いた。男も女もいた。

だが、みな俯(うつむ)いた状態で、雰囲気はどんよりとしている。運転席を見ると、暗い運転席に真っ黒な影のようなものが、座っている。

Yさんも、無言で座席に座った。

(よし、やっと念願の復讐(ふくしゅう)ができる)

そう思ったが、瞬時に(待てよ……)という気持ちも芽生えた。

復讐したとして、それからどうなるの?

あの男が死んだとしても、息子が生き返るわけではない。

そんなことをしても、空しいだけだ。

それにあの男にだって家族がいる。その命を取ったところで、誰が喜ぶものか。

自分の気持ちにそんな疑念が湧きおこった。

すると、またあの女性が近づいてきて、

「あなたのその心では無理ですね。ここで降りてください」と言われて、停車した。

はっと気がついたら、Yさんは夜道を歩いていた。

（あれ？　黒いバス……）

そんなものは、ここにはいなかった。しかし、黒い窓も何もない奇妙なバスに乗り込んだ記憶ははっきりとある。

ところでここはどこだ？

見回すと、あの黒いバスに乗り込んだ地点から三キロほど離れた場所だった。

初出
「サヤマさんが来る」(『幽』vol.29　二〇一八年六月)
「名所の看板」(同右)
「ロッカールーム」(『怪と幽』vol.007　二〇二一年五月)
「海底の家族」(同右)

その他の作品は書き下ろしです。

怪談狩り　黒いバス

中山市朗

角川ホラー文庫　22800

令和3年8月25日　初版発行
令和6年11月25日　9版発行

発行者——山下直久
発　行——株式会社KADOKAWA
〒102-8177　東京都千代田区富士見2-13-3
電話 0570-002-301（ナビダイヤル）
印刷所——株式会社KADOKAWA
製本所——株式会社KADOKAWA
装幀者——田島照久

●お問い合わせ
https://www.kadokawa.co.jp/（「お問い合わせ」へお進みください）
※内容によっては、お答えできない場合があります。
※サポートは日本国内のみとさせていただきます。
※Japanese text only

ISBN978-4-04-111633-3　C0193

角川文庫発刊に際して

角川源義

第二次世界大戦の敗北は、軍事力の敗北であった以上に、私たちの若い文化力の敗退であった。私たちの文化が戦争に対して如何に無力であり、単なるあだ花に過ぎなかったかを、私たちは身を以て体験し痛感した。西洋近代文化の摂取にとって、明治以後八十年の歳月は決して短かすぎたとは言えない。にもかかわらず、近代文化の伝統を確立し、自由な批判と柔軟な良識に富む文化層として自らを形成することに私たちは失敗して来た。そしてこれは、各層への文化の普及滲透を任務とする出版人の責任でもあった。

一九四五年以来、私たちは再び振出しに戻り、第一歩から踏み出すことを余儀なくされた。これは大きな不幸ではあるが、反面、これまでの混沌・未熟・歪曲の中にあった我が国の文化に秩序と確たる基礎を齎らすためには絶好の機会でもある。角川書店は、このような祖国の文化的危機にあたり、微力をも顧みず再建の礎石たるべき抱負と決意とをもって出発したが、ここに創立以来の念願を果すべく角川文庫を発刊する。これまで刊行されたあらゆる全集叢書文庫類の長所と短所とを検討し、古今東西の不朽の典籍を、良心的編集のもとに、廉価に、そして書架にふさわしい美本として、多くのひとびとに提供しようとする。しかし私たちは徒らに百科全書的な知識のジレッタントを作ることを目的とせず、あくまで祖国の文化に秩序と再建への道を示し、この文庫を角川書店の栄ある事業として、今後永久に継続発展せしめ、学芸と教養との殿堂として大成せんことを期したい。多くの読書子の愛情ある忠言と支持とによって、この希望と抱負とを完遂せしめられんことを願う。

一九四九年五月三日